大圓滿
禪定休息論

ཨོཾ། རྫོགས་པ་ཆེན་པོ་བསམ་གཏན་ངལ་གསོ་ཞེས་བྱ་བ་བཞུགས་སོ།།

欲閱讀者，請接受具德上師口傳，比較如法

大遍智　龍欽巴尊者　著
堪布徹令多傑仁波切　講記　張福成　口譯

目錄

自序

　　如同大菩薩寂天在《入菩薩行論》中的開示：「有止諸勝觀，能滅諸煩惱。知已先求止，止由離貪成。」由此可知安止的重要性。

　　雖然諸部佛經論典中已經廣大解釋了安止的內容，但是這裡仍然要鄭重介紹的是前譯聖教大車乘遍智龍欽巴尊者的鉅著《大圓滿禪定休息論》，內容主要包括三金剛處：述等持禪修處，為第一金剛處；述等持禪修士夫，為第二金剛處；述等持禪修次第，為第三金剛處。

　　在第三金剛處中有諸項特別甚深關鍵：在修樂、明、無妄念三者方面，有與毗盧七支之身關鍵不同的特色；依賴脈、氣、明點，而在正行直指光明、於末時則進行猛晉除礙。

　　故特鼓勵對此甚深教典有信心、精進又希求者，能專一鄭重聽聞學習。是所至盼。

堪布徹令多傑仁波切

2017 年 3 月 5 日

導讀

　　大遍智龍欽巴尊者開示過的教法中，最主要是《三休息論》❶，包括《大圓滿心性休息論》、《大圓滿如幻休息論》和《大圓滿禪定休息論》。這裡要講的是《大圓滿禪定休息論》，共分為三品。龍欽巴尊者根據佛陀所開示的佛經、密咒乘門，還有上師的口訣，配合三方面來進行講解。

　　第一品開示禪修安止時最適當的處所環境是什麼，以及什麼時間最好。

　　第二品所要說明的內容是大圓滿法的實修者應當具備哪些資格條件，例如信心、精進、悲心等等，有這些條件才是具足法器的行者。換句話說，應當齊備的順緣是什麼樣的內容，這些功德自己應當好好地去齊備；其次，應當要斷除的缺失也應當把它斷除。關於這方面所做的開示在第二品裡。

　　第三品開示觀修的方式，安止的禪修方式是什麼，要做詳細的說明。不過所講的方式和顯教乘門完全不同，因為是配合大圓滿口訣續部做解釋說明，所以是非常殊勝的口訣。

編註：

❶針對《三休息論》，堪布徹令多傑仁波切於寧瑪三根本法洲佛學中心均開示過，其中，《大圓滿如幻休息論》於 2016 年由橡樹林出版社出版。至於《大圓滿心性休息論》，由於內容和《功德寶藏》相近，將不另出書，請參閱 2013 年橡樹林出版社出版的《本智光照・功德寶藏論——顯宗分講記》一書。

在這方面，主要談關於進行觀修安止時，分成前行、正行和結行三階段。前行的階段應該做什麼準備；正行的階段正式觀修的方式如何進行；結行的階段則講述覺受、猛晉、證悟和果位四個方面。

結行的階段，首先，說明如何產生覺受，會產生什麼樣的覺受，良好的覺受或劣等的覺受出現的情形是什麼樣子。

第二，說明如何能夠達到突飛猛晉，也就是覺受出現時，調整的方式是什麼。就上等者而言，用見地的方式調整，以排除障礙，使安止進步；中等者用觀修的方式調整，以排除障礙而達到進步；末等者則是用行持的方式調整，以排除障礙而達到進步。

其中還細分為「總體的方式」和「個別的方式」說明，接著講述能夠達到突飛猛晉效果的一些特別的實修方式，並講述身體調整的方式，以及氣脈方面的觀修，這些都做了說明。

第三，說明證悟如何出現。

第四，說明能夠獲得什麼樣的果位。

在第三品之後是尾頌。龍欽巴尊者寫完本書後，將寫書的善根迴向給無邊的眾生，並說明本書是由誰所寫、用什麼方式寫、在什麼地方寫，最後對弟子做了一番鼓勵。

本書中，最主要的實修部分是第三品所談到的，也就是靠著安止如何引發安樂的功德，觀修的口訣是什麼？靠著安止如何引發明晰的功德，觀修的口訣是什麼？靠著安止如何引發無妄念的功德，觀修的口訣是什麼？

所以，主要的重點一定要放在樂、明、無妄念的實修方式。把

那部分的實修做到成效非常好了，自己有足夠能力了，才做後面特別的實修方式，就會使前面的樂、明、無妄念的功德突飛猛晉，幫助的效果非常強烈。

如果僅僅只實修樂、明、無妄念，未實修特別的實修方式，那是不是修法不夠完整，口訣還不夠呢？不是的！就僅僅只實修樂、明、無妄念而言，口訣都已經完整齊備，毫無遺漏，都已經非常好了，只做那個實修也可以。

就弟子方面而言，可能有這種現象，聽（看）完本書後會說：「《大圓滿禪定休息論》這個教法我已經學過了。」其實他可能連五分鐘的實修都沒有做過，只是聽過教法而已，完全沒做實修。所以，本書開示的原則是：教導也要做教導，實修也要做實修，因為實修非常重要，這個部分一定要非常重視，實際去做。因此，全書前後共安排了四次共同實修。不只這樣，最好在家也能每天固定時間實修，十分鐘、半小時、一小時，按照口訣方式進行實修，自己才能真正獲益。

前言

　　我們今天所要學習的是《大圓滿禪定休息論》。不過，首先必須說明「禪定」是中文的翻譯，如果從佛法上來講，應該翻譯成「靜慮」比較適當。在佛法裡有很多關於禪定的不同名詞，中文通常都一律譯為「禪定」，以致沒辦法了解真正是什麼意思，所以，這裡比較準確的翻譯應該是「靜慮」，也就是《大圓滿靜慮休息論》。❶

　　平常我們內心有很多妄念和想法，好的、壞的都非常多，有時候壞的妄念產生的力量比較強大，有時候力量中等，有時候力量薄弱。因為這些不好的妄念導致內心不快樂，逐漸地，身體也形成了疾病，會造成這些情況。

　　但是有時候我們內心也會產生善的念頭、好的想法，同樣地，產生這些善的念頭時，有時候力量很強大，有時候力量中等，有時候力量薄弱，各種不同的類型都有。因為它們的出現，內心就覺得非常快樂，身體也健康，疾病也減輕，也有這樣的情況。

　　因此，在我們的內心裡，善的和不善的念頭非常多。如果分析看看，兩種類型裡，壞的妄念一定比較多，力量也一定比較強大，原因是我們在壞的妄念這個部分，串習的時間比較久，串習的次數也比較多。

---

❶為了隨順台灣信眾長期以來的習慣，以下仍稱「禪定」。

　　為什麼對於壞的妄念，我們串習的時間比較久，串習的次數也比較多？是如何形成的呢？

　　在我們的內心都有「我啊，我啊」這樣的一個想法，這種想法稱為「我執」。由於心裡有這種我執的想法，接著就會想：「我要得到利益」，「我要得到快樂」，「我要得到名氣」……這些都是由我執而產生的想法。實際上內心所想到的「我啊」這個想法裡，那個「我」根本就不能夠成立，但是我們卻會執著有這麼一個「我」存在，產生了我執，這是一個顛倒的妄念。

　　由於這個顛倒的妄念，「我要得到利益」，「我要得到快樂」，「我要得到名氣」等各種想法就非常多。但是我們知道要得到財富、利益、名氣等，其實都不容易達成，因此，去追求這些目標時，導致身體遇到很多艱辛困難，也由此而造成內心很多痛苦煩惱。

　　因此，壞的妄念串習越來越強烈，串習的也很多，時間也很久，力量也很大，這就是原因。

　　如果說時間這麼久，那「我啊」這種想法、這種我執，它形成的時間是從何時開始的呢？如果說：「這種想法是這兩、三輩子之內才有，以前根本沒有呀！」大概沒有辦法這樣講，因為我們內心這個我執形成的時間沒有辦法計算，也不能夠知道。因此，由我執形成的壞的妄念，當然也就一樣，時間非常久，次數非常多，力量也非常強烈。

　　相反地，善的念頭，力量就比較薄弱，串習的也沒那麼多，也沒有那麼久。那麼，內心的這些善的念頭從何而來呢？前面談

到了，腦袋裡總是想到「我啊，我啊」，現在把這種想法逐漸地減少，心裡想到：「我的爸爸媽媽」，「我的男女朋友」，「我的子女」等。或者是想到：「這個眾生、那個眾生」，「眾生他應該是希望得到快樂，不想要痛苦呀！」在這個時候，想的都是其他的眾生，沒有想到自己，因此，我執的力量逐漸減弱，他執的力量逐漸增強，所以，善的念頭就越來越多，力量也就越來越強烈。

但是在多生多劫裡，我們腦袋裡想到「我啊，我啊」的機會很多，由此而引發的壞的妄念也很多，力量也很大；除此之外，能夠我執慢慢減少，他執逐漸增加，想到眾生的機會其實少之又少。從這輩子就知道前輩子以前也都是這個樣子，花很少時間想其他眾生，花很多時間想自己，當然壞的妄念就比好的念頭力量強烈很多很多了。

幸好我們現在的情況不太一樣，我們這輩子能夠遇到佛陀所開示的教法，對於教法有很好的機會去做實修。逐漸地，雖然內心的我執也都還存在，沒有斷除，但是我們知道，要常常想一想其他的眾生也都希望離苦得樂，這樣我執的力量就會慢慢減少，想到其他眾生的時間會慢慢增加。逐漸地，可能就有機會證悟到無我。證悟到無我時，像佛陀的弟子以及諸佛菩薩一樣，內心純粹只有好的想法，壞的念頭根本不會產生。

前面主要解釋：內心善的念頭、壞的念頭是如何形成的？它的時間、力量的情況如何？首先要把這部分辨明清楚，這非常重要。

在內道佛法之中，先有小乘的教法，其次有大乘的教法，大乘教法之中有經教大乘的教法，還有密咒大乘的教法。無論是小乘也

好，經教大乘也好，密咒大乘也好，都有各自的道路，依各自的道路做實修，也都能夠得到各自的果位。如果想要得到果位，無論如何一定要滅掉「我啊，我啊」這樣的我執。

小乘道路的果位是阿羅漢，如果沒有滅掉我執，得不到阿羅漢果位；經教大乘的果位是佛果，如果沒有滅掉我執，這個果位也得不到；密咒大乘的道路是迅速地得到佛果，如果沒有滅掉我執，也不會發生這個成效，也是得不到佛果。

主要的原因是因為我執，腦袋裡都想到：「我啊，我啊！」在這種想法下，非常重視自己，很少想到眾生，只會看到自己的優點、好處，只會看到對方的缺點、毛病。以致，自己內心的煩惱什麼時候出現？毛病怎麼形成？有沒有出現貪戀、瞋恨、愚癡？通常都沒有去分析思維；但是當對方出現五毒煩惱的時候，立刻就會說這個人是一個壞蛋，是一個不好的人。大多數人的內心都是這樣，只看到別人的缺點，在這種情況下，不能夠純正實修。

譬如，佛陀住世的時候，有一位小乘的弟子善星比丘，最初對佛陀信心很強烈，熱切地請求教法。他非常聰明，當佛陀到各地開示教法時，有時開示經藏的教法，有時開示律藏的教法，有時開示對法藏的教法，善星比丘全部都能記住。當他做為侍者跟隨佛陀 24 年之後，因為非常聰明，記憶力非常強，因此把佛陀所開示的教法差不多全記住了。之後他就產生了一個想法：「佛陀所開示的教法，無論經藏的教法也好，律藏的教法也好，對法藏的教法也好，差不多我都記住了，他要講的話差不多我都知道了，他要講的這些教法我也會講。」因此就產生了驕傲心：「佛陀所擁有的功德

大多數我都有嘛！如果我和佛陀的功德一樣，爲什麼別人對佛陀頂禮、恭敬、有信心；對我卻不頂禮、不恭敬、沒有信心？沒有道理啊！」他又想：「哎！那我和佛陀在一起大概沒什麼前途，也沒什麼用處，我還是離開他吧！若到別的地方，我應該會變成像佛陀一樣，有很大的名氣，因爲他的能力我都有啊！他的功德我都有啊！」

善星比丘說他自己和佛陀最大的差別就在於佛陀的眉心有白毫毛，白毫毛所射出來的光芒達一個伸臂量（兩隻手臂伸開的長度），除了這個差別，其他功德完全沒有差別。

因爲他內心產生了我執，而且我執的力量非常強大，腦袋裡都是想到自己，認爲自己的功德和佛陀一樣大，因此，對佛陀的信心完全喪失，也不想當侍者，因此離開了。

離開之後，佛陀的阿羅漢弟子們，舍利子、目犍連、阿難、大迦葉等，就問佛陀：「爲什麼善星比丘追隨佛陀這麼久，當侍者也24年了，最後我執的力量還是這麼強大，而且對佛陀也喪失了信心呢？他這樣不是造作很多惡業嗎？那將來會怎麼樣呢？」

佛陀就開示了：「這個善星比丘我執的力量很強大，首先是因爲他上輩子的習慣、前輩子的業力之故，之後是這輩子的串習，導致我執的力量又更強大，而且這輩子他沒有發現我執的過患，因此離開了。七天之後，他的壽命即將結束。」

佛陀又說：「因爲他對我沒有信心，我根本沒有利益他的機會，所以他壽命結束後，會投生在鬼道，受到很嚴重的痛苦。不過因爲我發願的力量之故，將來他也會得到人身，以後會越來越好。

但是現在因為他的我執很嚴重，煩惱力量很強大，我發的願望對他不會產生什麼利益，要等到將來逐漸才能得到利益。」

舍利子等阿羅漢弟子們就前往善星比丘那裡，告訴他：「你對佛陀的信心要恢復喔！還要繼續追隨佛陀喔！否則，佛陀說你七天之後壽命將結束，要投生在鬼道呢！」

善星比丘聽了笑一笑，心想：「我現在也沒生病，身體又那麼健康，七天之後怎麼可能會死呢？」

不過他又想：「佛陀以前說的話都會應驗，這可能有點危險，還是小心一點比較好。」因此他每天都非常謹慎，沒有發生任何事。到了第七天，更加小心，足不出戶，不吃任何東西，也不喝任何飲料，待在家裡休息，心想：「我根本就不出去，如果出去走在路上，也許摔倒了，可能會死掉；我也不吃食物，吃食物也許消化不良，導致死亡。我不吃、不出去，這樣應該不可能有事吧！等到今天結束我沒有死，我要去嘲笑佛陀，說你又講謊話了。」

大半天就這樣過了。眼看第七天即將結束，由於整天不吃不喝，他非常口渴，心想：「我喝一小口水，應該不會有什麼影響吧！」便喝了一口水，但是因為口很乾，這一喝水，嗆到了，進到肺部，一口氣喘不過來，馬上就死了，死後立刻投生到鬼道。

現在有一些人也是這樣，學習佛法學了非常多年，但是發現學習佛法好像也沒有給自己帶來什麼利益，因此對佛法的信心就退轉了；有的人學習密咒乘非常多年，發現也沒給自己帶來什麼好處，因此對密咒乘門的信心也消失了。心裡所想到的只是：我學習佛法，佛法能給我帶來什麼利益？只有想到這一點，但是沒有想到自

己在學習佛法，可是我執還是這麼強烈，煩惱還是這麼熾盛呀！並沒有運用所學的佛法對付我執、對付煩惱，只想著佛法能夠給自己帶來什麼好處，那學習佛法的利益當然不會產生！因為我執和煩惱的力量這麼強大，就算佛法的利益產生，自己也都沒有發覺呢！

實際上這是自己的缺失，但是自己不知道，只會歸咎於佛法，認為佛法根本沒有給我帶來利益，這種想法是現代人內心很大的一個問題。

譬如善星比丘的例子，如果現在有人看到這樣的事蹟，可能對佛法的信心馬上消失。因為現代人會想：「他承事佛陀沒有得到什麼利益嘛，也沒什麼善根嘛，死後還投生在鬼道呢！」

承事佛陀當然很有善根，也有廣大的利益，但是善星比丘內心的我執很強烈，煩惱的力量很強烈，在這種情況下，承事佛陀所累積的善根利益當然不可能立刻出現，因為他現在的煩惱和我執的力量還非常強大之故。

我們注意看目犍連、舍利子等無量無邊的佛陀弟子都是大阿羅漢，為什麼他們會成為大阿羅漢脫離輪迴呢？完全是靠著佛陀開示教法而得到廣大的利益，離開輪迴成就大阿羅漢的果位。

不要說是佛陀住世的時代，佛陀涅槃之後到現在已經兩千多年了，一直到現在，純正實修佛法，在實修當中得到廣大利益的人還是很多。若是不能夠純正實修佛法，煩惱的力量很強大，我執的力量很強大，那即使是在佛陀時代，連佛陀都不能利益他呢！

一樣的道理，到了現在，佛陀教法的傳承還在，也有人學習佛法，若是自己我執的力量強大，煩惱的力量強大，當然佛法不可能

馬上發揮效果。這種例子現在有，將來還有，這種有情眾生還是很多啊！

　　許多行者按照佛法實修，發現了自己的問題，慢慢把問題去除之後，佛法對他產生很大的效果，因而得到廣大的利益。在以前時代，大阿羅漢的弟子這麼多，都是如此，現在仍然廣大利益眾生，未來也一樣仍然廣大利益眾生。

　　內道佛法的實修者，有小乘種姓者、經教大乘種姓者、密咒大乘種姓者。小乘種姓者，學習的是小乘的教法，在學習小乘教法的時候，也會遇到很多的障礙，導致自己對小乘教法的信心完全喪失。但這時內心要了解：因為自己上輩子和小乘結下法緣之故，這輩子才會進入小乘教法之門，表示自己和小乘教法有法緣。所以這時候的內心應當要非常堅固穩定，逐漸克服障礙後，把自己所實修的道路徹底究竟修完，這非常重要。

　　經教大乘種姓者的弟子，也是因為前世法緣之故，這輩子才會遇到大乘教法，對大乘教法產生信心而做實修。同樣的道理，這輩子對顯教大乘進行實修時，也都會遇到很多令自己信心退轉的障礙，有時往往是自己產生妄念胡思亂想，有時是聽到別人胡說八道的解釋，信以為真，導致對教法的信心喪失了，這些都是障礙。這個時候也要了解到：是自己前輩子的法緣之故，這輩子才進入顯教大乘之門，遇到顯教大乘的教法。應當珍惜法緣，無論如何要克服障礙，內心堅固穩定不動搖，徹底地把教法究竟實修完畢，這也是相當重要的。

　　一樣的道理，密咒大乘種姓者的弟子，實修的是密咒大乘教

法，主要也是自己上輩子的法緣業力之故，所以這輩子進入了密咒大乘之門，學習了密咒大乘的教法。在實修時，當然也會遇到很多障礙，使自己對密咒乘教法的信心消失，這些障礙有時是自己內心的妄念，但有很多時候是因為別人隨便亂解釋，自己信以為真，因此完全丟掉對密咒乘教法的信心。

這個時候就要想一想：我是因為上輩子的法緣之故，和咒乘教法有緣，這輩子才會遇到。內心對這點一定要非常堅固穩定，努力克服各種障礙，把自己所實修的教法徹底究竟修完，這是非常重要的。

無論是小乘教法、顯教教法或咒乘教法，並非是最近 10 年、20 年內才新產生的教派，而是已經存在這個世界上超過 2500 年了，歷史很悠久。所以如果遇到了一點小小的障礙，聽到別人胡言亂語隨便解釋，就信以為真，信心退轉，那表示自己對教法的信心根本不夠堅固。這是自己的過失，不是教法的過失。

對於佛法內容正確地解釋，諸佛菩薩往聖先賢都做了很多，這些都非常重要。為什麼要對佛法做很多的解釋呢？因為透過解釋說明，能夠引導所調伏的弟子，也許進入小乘道路，也許進入顯教大乘道路，也許進入密咒大乘道路，總之，引導眾生進入佛法乘門之中，廣大利益眾生。

其中，比起引導眾生進入小乘而言，引導眾生進入大乘的利益比較廣大；比起引導眾生進入大乘而言，引導眾生進入密咒乘門的利益更加廣大、不可思議。原因何在呢？這是乘門有高低的差別所形成的。

　　假設對一個小乘行者解釋大乘教法的內容，引導他進入顯教大乘，會讓他產生廣大的功德利益。同樣道理，如果對顯教大乘的行者講解密咒大乘的教法內容，引導他進入密咒大乘，更會對他產生不可思議的廣大利益！

　　但是假設對密咒乘門的行者說密咒乘的教法根本不好，沒什麼用處，沒什麼利益，顯教大乘比較好，還是學習顯教大乘吧！之後如果這個人真的離開了密咒乘門，進入顯教大乘，那不僅講說者沒有什麼利益，而且還有過失，而且退轉者本身也有很多的過失。

　　一樣的道理，對於一個顯教大乘的實修者，對他隨便亂講，告訴他大乘根本不好，小乘比較好，之後他轉到小乘去了，那也要造成很多的過失。

　　如果對一個小乘行者隨便亂講解，胡說八道，講小乘的教法根本不好，之後使這個人放棄了小乘教法，進入外道，那講說者和這個行者二人都沒有任何利益，而且還有很多的過失。

　　一般來講，在實修教法的時候，不管是誰，上輩子所累積的業障阻礙都很多，難免這輩子都要遇到很多障礙，這是肯定的。不過最重要的應該是自己內心堅固，珍惜自己的善業、法緣。因為上輩子的法緣，自己這輩子才能遇到各種乘門的教法，應當非常珍惜這一點，而且努力實修。

　　針對這一點，大菩薩寂天曾經開示過，菩提心和無我勝慧這個部分，實修者根本不必去分析：到底菩提心和無我勝慧有用嗎？沒用嗎？是正確的教法嗎？不是正確的教法嗎？這些都不必做分析。為什麼呢？因為以前無量諸佛全部都是靠著菩提心以及無我勝慧而

證悟佛果，他們得到佛果前，早就已經詳細地分析過了，我們根本不需要現在又去分析，立刻直接實修就可以了。

就內道實修者而言，了解這一點之後，應該內心要非常地堅固穩定，放在自己有法緣的教法上，徹底究竟做完實修，這是最為重要的了。

如果自己的內心不堅固，不堅固之下冒冒失失產生信心，之後聽了別人的胡言亂語，信心又馬上消失，其實這是遇到了障礙，而自己被障礙打倒了。如果有這種信心退轉、消失的情況，這個人會結下一個很不好的緣起，將來多生多世不會遇到佛法，會累積這樣一個非常壞的惡業。

因此，就一個內道佛法的實修者而言，不管在什麼時候實修，自己的內心一定要堅固穩定不動搖，這非常重要。

接著開始講解《大圓滿禪定休息論》，大家在聽聞這個教法並如理如法實修時，內心的堅固穩定不動搖，尤其非常重要。

前　文

༄༅། །རྒྱ་གར་སྐད་དུ། མ་ཧཱ་སནྟི་དྷྱཱ་ན་བི་ཤྲཱ་ནྟ་མ།

印度語瑪哈珊底迭雅那比相底納瑪

༄༅། །བོད་སྐད་དུ། རྫོགས་པ་ཆེན་པོ་བསམ་གཏན་ངལ་གསོ་ཞེས་བྱ་བ།

藏語曰卓巴千波桑滇阿娑協賈瓦

༄༅། །華語曰大圓滿禪定休息論།

　　龍欽巴尊者所開示的《大圓滿禪定休息論》，首先是解釋書的名稱，其次是供養的禮讚文，第三項是撰寫的誓言；之後才是正式說明本文，正文分為三品。

釋名

　　首先，說明《大圓滿禪定休息論》這個名稱。為什麼稱為「大圓滿」呢？因為接下來要講解禪定的實修方式，解釋時完全配合大圓滿的聖典，再加以上師切身經驗指導的口訣，把這些全部集中在一起而做說明，所以書的名稱前面當然用「大圓滿」這個詞。

　　其次，「禪定休息」，意思是：我們現在內心妄念紛飛，好的念頭、壞的念頭非常多，導致自己內心非常勞累辛苦，如果能好好修安止，妄念逐漸減少，也就得到一個輕鬆休息的機會。因為沒有那麼多的妄念，心能夠停下來，好像心在非常勞累的情況之下得到休息，真正放下了，所以稱為「禪定休息」。

供讚文

　　內道一切上師，一切行者，在進行任何事時，首先一定是頂禮

諸佛菩薩，內心產生信心，之後才進行自己大大小小任何的事情。除此之外，沒有頂禮諸佛菩薩，沒有對諸佛菩薩產生信心，就立刻進行大大小小的事，在佛法裡沒有這種傳統。

　　遠的不說，就近的而言，假設一個行者已經得到了皈依的戒律，那麼，凡是喝飲料吃食物之前，都要先供養諸佛菩薩；穿新的衣服、換乾淨的衣服之前，也要先供養諸佛菩薩。這是皈依戒裡所談到的，應該要這樣做。

　　吃、喝、穿，這些只是世俗小事，不是重要大事，但是不能沒有這些世俗小事，如果沒有，人身不能夠存活。因此在吃、喝、穿之前，要先供養諸佛菩薩，觀想諸佛菩薩而產生信心，這都是有必要的。

　　如果這些小事都有必要如此，那現在大遍智龍欽巴尊者要對弟子開示教法，要撰寫一本書指導弟子佛法的禪修，就更不用講了，這是重要的大事，因此，一開始當然要頂禮。分為兩項，首先頂禮最初佛普賢如來，其次頂禮內心實相。

དཔལ་ཀུན་ཏུ་བཟང་པོ་ལ་ཕྱག་འཚལ་ལོ། །

頂禮具祥普賢如來

གདོད་མའི་རང་བཞིན་མཁའ་མཉམ་དག་པའི་དབྱིངས། །ཆོས་མཆོག་མི་གཡོ་ཤིན་ཏུ་སྤྲོས་དང་བྲལ། །

本然自性等空淨法界　　勝法未動最極離戲論

འོད་གསལ་སེམས་ཉིད་བྱང་ཆུབ་སྙིང་པོ་ལ། །གཞི་རྫོགས་འཕོ་འགྱུར་མེད་པར་ཕྱག་འཚལ་ལོ། །

於之光明心性菩提藏　　基圓無邊無變而頂禮

　　首先是頂禮普賢如來，原因何在？因爲祂是最初的佛，所以首先頂禮，對祂產生信心。

　　第二是頂禮內心實相，爲什麼要頂禮內心實相？因爲密咒乘門的教法，特別是大圓滿的教法，和顯教小乘、大乘的教法，實修方式非常不一樣。首先，在小乘教法之中，沒有談到佛，也沒有說依於我自己的道路能夠成就佛果，沒有這種說法，只說依於我自己的道路可以得到阿羅漢的果位。

　　其次，經教大乘的道路能夠成就佛果，有這樣的說法，實際的情形也是這樣，但是要經過很長的時間，一般來講要經過三十二個無數劫，或經過七個無數劫，或經過三個無數劫，才能夠成就佛果。但是並沒有開示因爲我的內心有內心實相之故，由此而得到究竟的佛果，沒有做這種開示。

　　顯教乘門開示：現在我的內心都是煩惱，都是不清淨的，要把這個部分斷滅，然後才能夠得到清淨的佛果。這是顯教所做的開示。

　　密咒乘門之中，一開始就先思維佛果在什麼地方，發現佛果我都擁有，了解這一點之後才進入道路而做實修。在顯教乘門談到佛果當然是存在的，但是現在我的內心並不存在佛果，只存在有成佛的原因，果位的佛陀在我的內心裡沒有。顯教大乘是這樣解釋的。

　　但是密咒大乘不是這樣講解，密咒大乘開示我們所要得到的佛果，就佛陀的果位而言，我的內心實相就是佛果，早就已經有了，只是被沈重的煩惱蓋障遮住，不能夠呈現出來。但因爲內心實相是佛果，所以佛果不必再到別的地方去尋找，它已經存在我的內心

裡，就是我的內心實相，早就已經有了。

　　但是內心實相它怎麼會是果位呢？它是如何而存在的呢？怎麼形成的呢？這一點是不可思議的部分，不是凡夫內心思辨之後能夠了解的。

　　總而言之，內心的實相確實就是佛果，它有本質空性的部分，而且自性明分，是佛陀完整的功德；佛陀三身五智的功德，在自性明分這個部分完全存在，不是屬於無常的性質，不會有任何改變。成佛的時候佛有什麼功德，這個功德原原本本如理如實，一分也沒有減少，就在我們現在內心實相之中，早就已經有了。雖然如此，但是現在我們沒有證悟；但就算是沒有證悟，它還是存在，因此就有必要頂禮我的內心實相。

立誓撰寫

　　立誓撰寫也稱為「立宗」，立宗是因明辯論時所講到的，我提出一個主張稱為「立宗」。這裡立誓撰寫當然也是提出一個主張，我主張要做什麼什麼，也是立下一個誓言的意思。

　　一般來講，對於教法有了信心後，趣入於教法而做實修，在實修的時候，內心堅固穩定非常重要，即使遇到任何阻礙，內心也不能夠改變。如果遇到阻礙導致內心改變，表示自己不夠堅固，有這樣的缺失。現在龍欽巴尊者心裡產生一個想法：「我要寫一本書來教導弟子，既然這本書對弟子有利益，從我開始寫書之後，不管怎麼忙碌，不管遇到任何阻撓障礙，我絲毫都不放棄，我一定要把它完成。」因此稱之為立下一個誓言。

　　爲什麼要立下誓言呢？因爲凡是立下誓言後，一定要把這件事做到徹底究竟，中間不能再改變，所以稱爲誓言。如果立下了誓言要寫一本書，在書沒有寫完之前，無論遇到任何障礙，或是再怎麼忙碌，都不能放棄，所以立下誓言非常重要。

 རྒྱལ་བའི་དགོངས་པ་ཞེན་ཏུ་རྨད་བྱུང་གང་། །སོ་སོར་རང་རིག་ཡེ་ཤེས་རྟོགས་བྱའི་ཕྱིར། །
勝者尊意最極奇罕者　　個個覺性本智應證故

རྒྱུད་ལུང་མན་ངག་སྙིང་པོའི་བཅུད་བསྡུད་དེ། །ཇི་ལྟར་ཉམས་སུ་བླངས་བཞིན་བཤད་ཀྱིས་ཉོན། །
集攝續言口訣心要粹　　依據如何實修釋請聽

　　首先仔細分析一下，佛陀內心的想法最爲奇特、最爲殊勝的部分是什麼？就是怎麼證悟自己內心的覺性本智，「個個覺性本智應證故」。佛陀開示八萬四千法門，爲什麼要開示這麼多法門呢？目標只有一個，就是使弟子能夠證悟自己的內心實相、覺性本智，爲了達到這個目的而做各種開示。

　　現在要講的也是這一個。佛陀所開示的佛經典籍非常多，關於怎麼證悟自己的覺性本智，龍欽巴尊者談到，除了根據如來所說的經部的典籍、續部的典籍，還要根據大乘教法，還要根據龍欽巴尊者自己上師的口訣，「心要」就是口訣。不僅如此，還有一個是「依據如何實修」，再加上龍欽巴尊者親自實修，親身體驗關鍵重點在什麼地方，要做一個解釋。

　　「釋請聽」是請弟子們好好地聽聞。意思就是我要講說一個教法，我立下了一個誓言，內心堅固穩定不能夠再改變，一定要把它

講完，請你們好好地聽聞。

　　就一個佛法的行者而言，內心堅固非常重要。現在有一些弟子，問他是哪個中心的弟子，他也說不出來。我最初來台灣時，有位仁波切請我到他們中心講經，弟子來很多，講完下課了，那位仁波切就問：「今天來了多少弟子呢？」

　　「來了四十多位，仁波切您在台灣的弟子蠻多的呢！」我說。

　　「不是啊，這大部分不是中心的弟子啊！」

　　「不是中心的弟子怎麼來聽課呢？他們是哪裡的弟子呢？」

　　「這些弟子稱之為總體的弟子。」

　　當時我剛來台灣，不知道什麼叫「總體的弟子」，仁波切解釋，就是指「所有中心總體的弟子」。這是什麼意思呢？任何一個中心有講經開示的時候，想要去聽就去聽，今天去這裡，明天去那裡；任何一個中心有灌頂的時候，想要去求灌頂就去求灌頂，這裡也去那裡也去，所以稱為「所有中心總體的弟子」。

　　這當然也是非常好啦！聽法也非常好，求灌頂也非常好，不過無論如何，自己一定要依止信心最堅固穩定、完全信賴寄託的一位上師和一個中心，這點非常重要。之後如果想到其他中心的上師那裡去聽聞教法或請求灌頂，應當先請教自己的上師：「有某某上師開示教法，我去聽可以嗎？我去灌頂可以嗎？」上師如果允許就可以去，上師如果說不方便就不要去。

　　原因是，中心彼此之間、行者彼此之間或法脈彼此之間，因為歷史這麼久了，從古往到現在，有誓言和睦的時候，也有誓言不和睦的時候，各種情況都有。這就是為什麼這個部分要好好考慮一

下。

　　以我自己為例，在印度依止貝諾法王為根本上師後，有機會要到尼泊爾，馬上請教法王：「我到尼泊爾後，要去聽某某上師開示、求某某上師灌頂，可以嗎？」上師說可以才去。之後到西藏康區擔任白玉佛學院校長三年，三年裡遇到哪些上師開示、傳法、灌頂，也都是事先請教貝諾法王，上師允許了才去。

　　有些人可能會產生誤解，以為已經變成一個中心的弟子後，就不能去其他中心，如果去了會導致自己的誓言衰損；如果已經依止一位上師，就不能去其他上師那裡聽法、灌頂，否則誓言衰損。這是誤解，並不是完全不能去，而是應該先請教自己的上師，如果上師允許就可以去，這樣做比較好，因為已經得到允許，就沒有過失了。

　　在小乘的《佛說毗奈耶經》裡談到，如果已經依止上師之後，除了大小便這些事不必請示，此外，到何處去、做任何事，例如要到別的地方聽聞教法，都應該向上師報告，請求指示，給予開許。在小乘經典裡都如此談到，密咒乘門更應當是這樣。

　　但是也不能夠產生誤解，以為依止一位自己信心最堅固的上師後，在中心長期學習教法，就說我這個中心是最好的中心，其他中心都是不好的中心。這種想法也不對，這是一個很大的過失。

　　或者說我依止的這位上師我信心最堅固，我跟著他學習，什麼事都請教他，因此我的上師最優秀，其他的上師都不好。如果這樣想，也是嚴重的過失。

　　總而言之，一個學法的行者，應該內心穩定堅固地依止一位上

師和一個中心，穩定堅固地學習佛法，使自己內心變得愈加堅固穩定，毫不動搖，這是最重要的。

前面談到，台灣現在是民主時代，有總體的弟子這樣的現象，但在印度、西藏或尼泊爾就沒有這種情況，因為那裡的寺廟很多，不可能出現印度總體寺廟的弟子或西藏總體寺廟的弟子。但即使如此，印度、西藏或尼泊爾某個寺廟的弟子到別的寺廟聽法，得到灌頂，這種風俗習慣古往今來都有。

台灣中心這麼多，仁波切也這麼多，往往會由於看到某個中心或某位仁波切的過失，就喪失對整個內道佛教的信心。其實寺廟有過失，或者行者、上師有過失，在佛陀時代就有了。佛陀的弟子何其多，有的非常純正沒有過失，有的有很多過失。無論在西藏、中國、印度，學法的人這麼多，有的品行端正，道德很好，有的品行不好，問題很多，這種情況在世間不同的團體中也都會發生。

因此，由於看到某個人的缺點，或是看到一個中心的問題，而喪失對佛法的信心，就不應該了，那是自己一個很大的過失。

如果已經依止了一位上師，後來才發現這位上師很多過失，怎麼辦呢？關於這個問題，薩迦大博士以及蔣貢康楚仁波切都曾經開示過，假設依止後發現這位上師過失非常嚴重，無論如何自己對他都不能夠產生信心，那就應當離開，另尋其他具德上師，但是對於以前的上師不能夠傷害，也不可以批評毀謗。如果批評毀謗傷害他，因為是自己曾經依止過的上師，會導致自己的誓言衰損；假設只是離開，依止別的上師，沒有對以前的上師批評毀謗，那自己的誓言就沒有衰損。

　　一樣的道理，如果看到一個中心有問題，不能夠在這個中心學習佛法，因此我到別的中心去，但是我對以前的中心沒批評也沒毀謗，內心還是堅固穩定，那我的誓言也一樣是沒有衰損的。

正文

1
述等持禪修處

ར་རྩེ་ནགས་ཁྲོད་མཚོ་གླིང་ལ་སོགས་པ། །དུས་བཞི་ཡིད་དང་མཐུན་པའི་གནས་དག་ཏུ། །
山頂林中海洲等等處　　於諸四時稱心合意處

རྩེ་གཅིག་མི་གཡོ་ཞི་བའི་ཏིང་འཛིན་ནི། །འོད་གསལ་སྤྲོས་དང་བྲལ་བ་བསྒོམ་པར་བྱ། །
專一未動寂靜之等持　　應修光明已離戲論者

གནས་དང་གང་ཟག་ཉམས་སུ་བླང་བྱའི་ཆོས། །རྣམ་གསུམ་རང་བཞིན་དག་ལས་འགྲུབ་པར་འགྱུར། །
處所行者以及所修法　　三項自性清淨將成就

　　現在正式說明本文。首先談到禪修的處所，應該在山頂、森林
或海邊洲島等處，配合自己的內心，選擇稱心合意的處所，在這些
地方專心一意不動搖，仔細地實修等持。也就是處所、行者及所實
修的法，以這三項自性清淨而做實修。

　　我們現在是要做實修，但就行者而言，實修時煩惱都非常多，
煩惱裡有的力量強大，有的力量薄弱，力量強大的煩惱也很多種，
力量薄弱的煩惱也很多種。無論如何，把這些煩惱暫時消滅的方法
就是安止；如果要把煩惱連根拔滅，全部讓它消失得無影無蹤，就
要靠勝觀。所以法門就是安止和勝觀。

　　這個止觀（安止和勝觀）的實修方式，在小乘、顯教大乘、密
咒大乘裡全部都有，只是觀修的範圍廣狹有所不同，口訣的力量大
小也有所差別。比起小乘和經教乘門，密咒乘的道路範圍廣闊，口
訣比較深，威力也比較強大。但是無論如何，要把力量強大的煩惱
暫時壓住，靠的是安止的實修；要把它連根拔滅，靠的則是勝觀的
實修。

　　如果我現在要修安止，要觀察在什麼地方比較好，也要觀察什

麼時間比較適當，還要觀察行者自己有沒有齊備順緣、生活資具等條件，還有實修的方式是什麼，這些全部都要觀察。

首先是處所，最好是在山頂、森林、海邊，其次時間要配合春夏秋冬在不同的地方實修，這些都是有必要的。

考慮這些條件的目的，是要讓自己內心妄念逐漸減少，這要靠安止的觀修。所以要分析：處所條件順緣齊不齊備？自己準備的器具用品齊不齊備？當這兩個條件都齊備了，可以實修之後，就要分析：我所要修的法，它的觀想方式是什麼？這個觀想方式要如理正確。所以共講了三個重點。

第一項，先講觀修禪定時的場所應該是什麼樣子。

དང་པོ་གནས་ནི་དབེན་ཞིང་ཉམས་དགའ་བར། །དུས་བཞིའི་རྣལ་འབྱོར་དག་དང་མཐུན་པ་སྟེ། །
首先處所寂靜且喜悅　且合四時諸類瑜伽也

དབྱར་ནི་གངས་དང་རི་རྩེ་ལ་སོགས་པར། །སྨྱུག་མ་འོད་མ་འཛག་ཁང་ལ་སོགས་པར། །
夏則雪山山頂等等地　或竹或藤茅庵等處內

བསིལ་བར་བསིལ་ཁང་ནང་དུ་བསྒོམ་པར་བྱ། །
應於清涼處舍內觀修

在觀修禪定的時候，場所非常重要，無論什麼樣的場所，雖然四季並不相同，但是首先住起來要內心覺得喜悅快樂，再配合四季選擇應該居住的環境。夏天的時候應當是在雪山或高山的山頂觀修，房子應該是竹木藤條蓋成的，或是草舍茅棚，住起來清涼，不會炎熱，要在這種地方進行觀修。

 སྟོན་ནི་ནགས་ཁྲོད་རི་ཟོགས་བྲག་ཁྱུང་སོགས་ས། །བསིལ་དྲོད་སྙོམས་པའི་གནས་དང་ཁང་བུ་རུ། །

秋則林中山側岩堡等　冷熱均勻處所小屋內

ཟས་གོས་སྤྱོད་ལམ་དེ་དང་མཐུན་པར་བྱ། །

衣食威儀應隨順彼處

　　秋天的時候，應該住在森林裡，或者是四周很多岩石的地方，
這些場所不會太冷也不會太熱，所居住的房子也要避免太冷或太
熱；吃的食物，有的會讓身體很燥熱，有的會讓身體很寒冷，這些
都不適當，應當吃溫和的食物，不要導致身體太熱或太冷；自己的
行動，太過活動會讓身體很燥熱，流很多汗，或者是有時候太冷，
這些也都不適當。總而言之，一切都要適當均衡。

དགུན་ནི་ནགས་ཁྲོད་བྲག་ཕུག་ས་ཁུང་སོགས། །དམའ་བའི་གནས་དང་དྲོ་བའི་ས་ཕྱོགས་སུ། །

冬則林中岩穴地洞等　地勢低處溫暖之地方

ཟས་གོས་མལ་ཆས་ལ་སོགས་རྩེར་མཐུན་བྱ། །

衣食臥具等等應隨順

　　冬天的時候，仍然住在森林岩洞之中，不過要住比較低的地方
比較暖和，在這種地方修禪定；吃的食物應當是比較熱性的，讓自
己的身體能夠產生溫暖；穿的衣服要比較厚，讓身體能夠保暖；睡
覺的床墊、座位的坐墊等，都要比較厚，讓身體能夠溫暖。這些準
備好之後觀修禪定。

དཔྱིད་ནི་རི་དང་ནགས་འདབས་མཚོ་གླིང་དང་། །ཁྱིམ་དྲོང་སྙོམས་པར་རྟེན་མཐུན་ཁང་པ་རུ། །

春則山中林中海洲等　冷熱均勻隨順屋舍內

ཟས་གོས་སྤྱོད་ལས་མཐུན་པ་ཉིད་དུ་གཅེས། །ཕྱི་ནང་རྟེན་འབྲེལ་གཅིག་པས་དེ་ཡི་ཕྱིར། །

衣食威儀隨順應重視　外內緣起同一彼之故

ཡིད་འོང་དབེན་ལ་ཞེས་དགའ་གནས་ལ་བརྟེན། །

依於悅意寂靜喜悅處

　　春天的時候，也是在高山頂、森林中或是在海邊，不太冷也不太熱。房子本身、衣服、食物，還有身體活動的行為，也都儘量注意不太熱也不太冷，溫暖適中，這樣而實修。

　　前面所談到的春天和秋天，所要禪修的處所、衣服、行為、食物，大致上都類似。一年有四季，應當順著四季的變化，調整自己禪修的處所、衣服、食物、行為，這一切都應當配合四季進行。

　　假設自己能夠把這個部分好好準備，如此實修，內心禪定的功德就容易產生。因為外在的環境要結下一個好的緣起，內心證悟功德的這個部分也會有一個好的緣起，兩邊緣起條件都適當的情況下，證悟的功德就很容易產生了。

　　配合四季改變自己觀修的場所，在不同的場所修禪定，這樣去做，內心會產生什麼功德？後面接著談到：

རི་རྩེ་ཤེས་པ་དྭངས་ལ་རྒྱ་ཆེ་བས། །བྱིང་བ་གསལ་བའི་གནས་ཏེ་བསྐྱེད་རིམ་ཤེས། །

山頂心識清澈廣大故　沈沒消散處也生次祥

གངས་ཁྲོད་ཏིང་འཛིན་གསལ་ཞིང་རིག་པ་དྭངས། །ལྷག་མཐོང་བསྒོམ་པའི་གནས་ཡིན་བར་ཆད་ཉུང་། །
雪山等持明晰心清澈　是修勝觀處所阻礙少

如果能夠在山頂住下而修禪定，會有什麼好處？內心很容易清澈。因爲一個人到了山頂時，放眼看過去一望無際，眼界寬廣，內心很容易變得開闊、清澈，而且內心覺得沈重或衰弱的那些毛病自然就消失。因此，在山頂之處修禪定，內心之中生起次第的功德也容易產生。

其次，在經常下雪的雪山修禪定也有很大的好處。首先，雪山一片銀白，心很容易明晰，很容易清澈，勝觀的功德很容易產生。而且因爲這種地方人跡罕至，在這裡修安止，遇到的障礙會非常少，所以比較容易得到廣大的功德。

ནགས་ཁྲོད་ཞེས་པ་གནས་ཞིང་སེམས་གནས་སྐྱེ། །ཞི་གནས་བསྒོམ་པའི་གནས་ཏེ་བདེ་ཤས་ཆེ། །
林中心識安住生住心　是修安止處也樂分大

བྲག་རིའི་དྲུང་ན་མི་རྟག་སྐྱོ་ཤས་ཆེ། །དྭངས་ལ་བྱིན་ཆེ་ཞི་ལྷག་ཟུང་འབྲེལ་འགྲུབ། །
岩山前面無常厭離大　清澈加持成止觀雙運

ཆུ་བོའི་འགྲམ་ན་བློ་སྣ་ཐུང་བ་སྟེ། །ངེས་འབྱུང་སྐྱོ་ཤས་གསར་དུ་སྐྱེ་བར་བྱེད། །
河水岸邊心緒短少也　能令新生出離厭離心

དུར་ཁྲོད་བྱིན་ཆེ་དངོས་གྲུབ་མྱུར་བ་སྟེ། །བསྐྱེད་རྫོགས་གང་ལའང་མཆོག་ཏུ་ཤིས་པར་གསུངས། །
屍林加持成就迅速也　宣於任何生圓殊勝祥

如果能夠到森林之中修安止，因爲沒有看到各種各類形形色

色，內心不容易散亂，很自然就能夠專一安住在所緣對境上，所以，內心的功德容易產生。

一般來講，安止的功德有三種，就是樂、明、無妄念。如果在森林修安止，安樂的功德比較容易產生。如果到岩山、岩石堆之中修安止，因為放眼看過去一片蕭瑟，都是土木石頭，沒有花草樹木，無常想自然很容易產生，對三界輪迴也很容易產生厭離的想法，神識很容易清明。配合無常想和厭離之心，前輩聖者上師的加持很容易進入內心，得到加持之故，自己的實修很容易進步，因此，止和觀兩方面的功德都比較容易產生。

除此之外，到大河邊修安止，也有很大的好處。自己在這個世界上，也許活到 60 歲、70 歲，需要做很多的準備，到大河邊這些想法自然會減少。為什麼呢？因為看著河水每天奔流不息，不斷改變，馬上消失，所以自己長久活在這個世界上的想法自然會減少。而且在河邊修安止的話，出離心也容易產生，有很大的幫助。

或者到墳場實修也非常好。因為在墳場實修時，很容易產生無常和厭離的想法，因為無常和厭離的想法之故，前輩上師們的加持很容易進入自己的內心。而且傳統以來的說法，在墳場實修，能夠很快速得到成就，這是墳場的功德。無論是生起次第、圓滿次第，任何的觀修，一般最被稱讚的地方就是在墳場觀修。

接著要講不合適的實修場所。

བྲོང་དང་ཚོང་དུས་ཁང་སྟོང་གིང་གཅིག་སོགས། །མི་དང་མི་མིན་འབྱུང་པོ་རྒྱུ་བ་ནི། །

城鎮商集空屋獨樹等　人與非人魑魅遊動處

ལས་དང་པོ་ལ་གཡེང་ཞིང་བར་དུ་གཅོད། །བརྟན་པ་རྣམས་ལ་གྲོགས་ཏེ་མཆོག་ཏུ་བསྔགས། །

初學者即渙散成阻礙　　堅固眾則為助受讚勝

大城市譬如台北，高樓大廈，車水馬龍；或是商人聚集的地方譬如市集，人聲鼎沸，人來人往。若是在這兩種地方禪修，對於一個初學者而言，容易導致心思散亂、妄念紛飛。

其次是大樹旁邊、空屋附近或是大石頭的旁邊。在這些地方禪修，人跡罕至，雖然很安靜，不過這種地方大都是非人鬼怪聚集處，他們很可能迫害初學者，造成行者的障礙。所以，對初學者而言，這些地方並不適當，會造成很大的障礙。假設是一位安止已經很堅固的老行者，這種處所對他來講是很好的處所，他不會遇到任何障礙，魔鬼邪祟也不敢傷害他，反而能夠使他的實修突飛猛晉。

ལྷ་ཁང་མཆོད་རྟེན་རྒྱལ་འགོང་གནས་ས་ནི། །སེམས་འཁྲུགས་ཞེ་སྡང་རྟོག་ཚོགས་སྐྱེ་བ་སྟེ། །

神殿供塔王鬼居住處　　心亂而生瞋恚妄念聚

ས་ཕུག་ལ་སོགས་བསེན་མོའི་གནས་རྣམས་སུ། །འདོད་ཆགས་སྐྱེ་ཞིང་བྱིང་རྨུགས་ལྱག་པར་ཆེ། །

地洞等等女妖居住處　　易生欲貪沈掉特別強

ཤིང་གཅིག་ལ་སོགས་མ་མོ་མཁའ་འགྲོ་དང་། །བྲག་དང་རི་སྣ་དམུ་བཙན་ཐེའུ་རང་གནས། །

獨木等等瑪摩與空行　　岩石山嘴精怪孤鬼住

སེམས་འཁྲུགས་ཀྱིན་དང་བར་ཆད་མང་བར་འདོད། །

許為心亂之緣阻礙多

神殿供塔是指以前蓋的寺廟或佛塔，已經完全被毀壞了，剩下

一些殘瓦碎片，這種處所都是妖魔鬼怪所住的地方。如果到這種地方修禪定，容易散亂、妄念紛飛，內心很容易受到驚慌，而且在莫名其妙的情況下，很容易發脾氣、胡思亂想。

其次是土穴，地底的洞，都是女鬼所住的地方。如果到土洞裡禪修，會遇到很多障礙，內心莫名其妙妄念紛飛，不是昏沈就是掉舉，貪戀很多，而且精神很容易耗弱，那就表示這個地方不好。

其次是獨木，如果只有單獨的一棵大樹，附近往往也都是女鬼住的地方。那和前面談到的一樣，內心貪戀很容易產生，妄念紛飛很容易產生，而且內心會覺得很衰弱、很虛弱，有這樣的一個特色。

還有就是，假設是前面談到的在岩石堆附近禪修非常好，但是已經到石堆的最邊際了；在森林裡實修非常好，但是已經到森林的盡頭了，這種地方大部分都是孤獨鬼、大力鬼住的地方。在這種地方禪修，很容易內心胡思亂想、妄念紛飛，很容易生病，很容易莫名其妙生氣，也會遇到很多障礙，表示這些都是不好的地方。

前面所談到這些地方，就一個初學者而言，都是非常不好的地方。是不是不好的地方，只要自己去那邊住一兩天禪修，看內心感覺怎麼樣，就容易分辨清楚了。

གདོལ་བ་ཀླུ་གཉན་ས་བདག་གནས་པ་ནི། །མཚོ་འགྲམ་ཞིང་གཤོང་ནགས་ཚང་ལ་སོགས་ཏེ། །

屠夫龍精地祇居住處　　湖邊草地林中等處也

ཡིད་དགའ་མེ་ཏོག་ལྗོན་ཤིང་བརྒྱན་པ་ནི། །དང་པོ་དགའ་ཡང་ཕྱིས་ནས་བར་ཆད་མང་། །

悅意美花綠樹爲莊嚴　　初時雖喜後時阻礙多

མདོར་ན་གནས་ཁང་དང་པོ་ཉམས་དགའ་ལ། །འདྲིས་ཤིང་མི་དགའ་དངོས་གྲུབ་ཆུང་བའི་གནས། །

總之處屋初時心喜悅　熟則不喜成就鮮少處

དང་པོ་འཇིགས་ལ་མི་དགའ་འདྲིས་ཤིང་དགའ། །བྱིན་ཆེ་དངོས་གྲུབ་ཆེ་ལ་བར་ཆད་མེད། །

初時懼而不喜熟則喜　加持成就大而無阻礙

དེ་ལས་གཞན་ཀུན་བར་མ་ཕན་གནོད་མེད། །གནས་ལ་བརྟེན་ནས་ནང་གི་སེམས་འགྱུར་ཞིང་། །

其他一切中等無利弊　依於處所內在心改變

དགེ་བའི་སྦྱོར་བ་འཕེལ་འགྲིབ་གཞིས་ཡོད་པས། །ས་གནས་བརྟག་པ་ཉིན་ཏུ་གཅེས་པར་གསུངས། །

善業加行有增有減故　宣謂重視觀察地處所

　　獵人所住的地方，龍神所住的地方，土地神所住的地方，或者是小湖旁邊、森林附近，花草樹木很多，看起來非常美麗，還有各種各樣的水鳥。因此，剛去時，覺得這地方蠻不錯的，很滿意，一天、兩天內心喜悅，住起來很快樂；不過，住了一、兩個月實修後，慢慢會發現沒有像以前那麼喜歡；再住下去實修，好像高興又逐漸減少，有這樣的現象。如果去這種地方修安止，將來所得到的成就都是小小的，不能夠得到更大的成就。

　　但是，若是最初去的時候，覺得這個地方非常可怕，尤其晚上非常恐怖，住起來膽顫心驚；可是過了一兩個禮拜，發現好像沒有那麼恐怖，障礙逐漸減少；再住一兩個月，覺得這個地方住起來很舒服、很快樂。如果在這種地方修禪定，會得到很大的加持力量，將來所得到的成就比較大，而且障礙也會比較少。

　　以蓮師授記的聖地貝瑪貴（位於喜瑪拉雅山區，原屬西藏，今屬印度）為例，貝瑪貴有一個修法的聖地，常有鬼怪出沒，大多數

的人去那裡閉關，頂多一個禮拜就覺得害怕回去了。我認識一個朋友，他不知道這地方有鬼怪出沒，就去閉關，住了一天、兩天，發現鬼怪很多，每天太陽下山後，四周都鬼哭神號，這邊有聲音、那邊有聲音，而且經常聽到鬼怪在叫自己的名字，但完全看不到形相，非常恐怖。但他在這個地方住了很長一段時間，好好地禪定觀修，鬼怪也對他熟悉了，他後來對我說鬼怪還會幫助他呢！

他談到剛開始有一天晚上，他在禪修時，聽到鬼怪叫喊的聲音，非常大聲，四周狂風吹動，風聲鶴唳，這邊鬼在喊、那邊鬼在回答。之後聽到牛叫聲，還有繩子在拉牛的聲音，說：「來了！來了！」他很高興，想說好不容易有人來，這樣自己比較不會害怕。可是正在高興時，一看繩子綁在自己脖子上，對面那邊鬼怪正在拉繩子，要把自己拉過去。仔細再看，好像是一個錯覺，因此專心堅固安住在禪修上，於是，這些錯覺亂象消散得無影無蹤。

所以在這種地方禪修時，鬼怪常常會示現很多恐怖的幻相，使人的內心不能夠堅固穩定，會膽顫心驚，遇到很多障礙。如果要在這種地方禪修，定力要稍微好一點，禪定要能得到一點安止，否則無法禪修，障礙會非常多。

台灣也有很多空屋、空曠的地方，或是荒郊野外、森林、墳墓，在這種地方實修也是一樣，鬼怪多，幻相多，遇到的障礙也會很多。不過這種情況我們一般人不太容易了解，因為大多數人都住在大城市，大城市裡鬼怪非常少。大城市裡會遇到的障礙，主要都是做惡夢，嚇出一身冷汗，除此之外不可能遇到鬼大聲喊叫、飛奔來去，或四周狂風吹動的情況。

　　後面的句子，「其他一切中等無利弊，依於處所內在心改變，善業加行有增有減故，宣謂重視觀察地處所。」除此之外，其他地方沒有好沒有壞，住久了之後，可能內心發生改變或者是善行增長或減少，因此，觀察處所非常重要。因爲處所能使內心改變，使善行增加或者減少，有這二種影響，故觀察處所極爲重要。

　　除了前面所談到的處所之外，其他的處所，就是一般普通的處所。在那些地方禪修，內心不會產生很大的證悟的功德，也不會遇到什麼特別的障礙麻煩，所以，障礙少少的，證悟的功德也是少少的。

　　這種情況就是台灣一般人的禪修狀況，因爲台灣人現在的禪修都在城市裡，都住在自己的房子裡禪修。這種情況不會產生很大的證悟，當然也不會遇到很大的障礙，所以沒有大利益，也沒有大弊端，普普通通。

　　總而言之，就實修者而言，特別是對閉關的禪修者而言，觀察分析禪修的處所至爲重要。爲什麼呢？因爲處所很容易改變一個人的內心。有時候去到一個場所禪修時，悲心的力量非常強大；有時候去到一個處所，信心的力量自然增長，對於上師、對於教法突然間信心很強烈；有時候去到一個地方，內心的妄念煩惱自然就止息，這都是場所的力量。相反地，有時候到一個地方禪修，內心的善根自然地衰損。所以依於場所會導致內心的轉變，這點一定要了解。

　　譬如我們看至尊密勒日巴的傳記，他不固定住處，在一個地方住一陣子後，有一些認識的人來看他了，有一些功德主來了，他馬

上搬家，換另外一個處所。因為有認識的人或功德主來，很容易導
致內心散亂。當他搬到另外一個地方住了一陣子，又有認識的人來
了，又有功德主來了，馬上再換另外一個場所，搬來搬去。如果連
至尊密勒日巴都這樣，我們就更不用講了。在禪定實修時，一定要
謹慎觀察、選擇一個好的處所。

དེ་ཡང་བསྡུ་ན་ལས་བཞིའི་གནས་ཀྱང་བཞི། ཞི་གནས་ཡིད་ནི་རྒྱུན་གྱིས་འཛིན་པ་སྟེ། །
又若歸納四業處亦四　　息處內心自然而專注

རྒྱས་གནས་ཡིད་དགའ་གཟི་བརྗིད་མདངས་དང་ལྡན། དབང་གནས་ཡིད་འཕྲོག་ཆགས་དང་ལྡན་པ་སྟེ། །
增處心悅具威嚴神采　　懷處奪意而具有貪愛

དྲག་གནས་སེམས་རྒྱབ་འཛིངས་དང་སྐྱི་བར་བྱེད། །བྱེ་བྲག་རྣམ་པ་གྲངས་མང་མཐའ་ལས་འདས། །
猛處心亂令生懼慌張　　分類項目繁多越邊際

འདིར་ནི་ཏིང་འཛིན་ཞི་བའི་གནས་མཆོག་སྟེ། །གཞན་རྣམས་ཡི་གེས་འཇིགས་ནས་མ་སྤྲོས་སོ། །
此述等持止息處為勝　　他者恐字繁多不贅矣

　　就禪修的處所而言，也配合息增懷猛四種事業，因此，也有四
種類型的處所，功效各自不同。

　　如果是止息法的處所，一般來講，四周景色白色比較多，形狀
看起來是圓形的。到了這種地方，內心的妄念自然地止息，表示具
有止息法的力量，這是止息法的處所。

　　其次，增廣法的處所，放眼望去黃色比較多，環境光明清淨，
四周形狀比較屬於半月形。到了這種地方，內心自然地很高興，到
這邊禪修後，神采燦爛，身體看起來很溫潤，這就是一個增廣法的

處所。

　　如果是懷柔法的處所，放眼望去紅色比較多，形狀是四方形。到了這邊，內心自然地很快樂，而且貪戀之心很容易產生，表示這是一個修懷柔法的處所，在這個地方修安止，內心很容易安住。

　　威猛法的處所，放眼望去黑色比較多，形狀是三角形。環境氣勢令人心生恐懼，禪修的時候內心妄念紛飛，心驚膽顫，不是很寧靜，容易擔心害怕，這個就是威猛法的處所。

　　就息增懷猛四種處所的觀察，裡面細項的分類還有很多，譬如這種處所修法容易得到很多房子，這種地方修法容易得到很多財富，這種地方修法容易延長壽命等。這些都是地理風水，但是這些地理風水大部分的內容，對一個修法的禪修者，並沒有什麼必要性，此處不再詳細說明。因為現在最主要是修安止的處所，禪修者主要是觀修安止，因此就觀修安止適當的處所是什麼，特別做一個說明。「他者恐字繁多不贅矣」，龍欽巴尊者說：「此外其他地理風水的部分非常多，就不再詳加說明了。」

ཞི་བའི་གནས་དེར་བསམ་གཏན་ཁང་བུ་ཡང་། །དབེན་ལ་ཡིད་འཛིན་བཀོད་པར་འཚམས་པ་སྟེ། །
於彼息處靜慮之小屋　寂靜專注形狀亦適當

ཕྱོགས་ཕྱེད་མཐོངས་གསལ་ཆེ་བ་རབ་ཏུ་ཤིས། །
半面天光明亮最吉祥

　　有了適當的修安止、修靜慮的閉關場所後，就要蓋一間閉關房。蓋房子的時候，因為是一個自己喜歡的場所，住起來高興喜

悅，所以所蓋的房子也要是自己喜歡的形式。就房子的外觀而言，不能蓋得太大也不能太狹窄，屋頂儘量蓋高一點，「半面天光明亮」，房子的一邊要比較空曠，光線充足，能夠看到天空。

 མཚན་མོའི་རྣལ་འབྱོར་མུན་ཁང་འབོར་མ་སྟེ། །མཐོ་སར་འབོར་ཁང་དབུས་སུ་སྙེ་བའི་ཆས། །

夜間瑜伽暗屋有突窗　高處突窗中間核心處

བྱང་དུ་སྤྲས་གཏད་མྱ་ངན་འདས་གཟིམས་བཞིན། །ཉིན་མོའི་གནས་ནི་སྣང་བའི་རྣལ་འབྱོར་པ། །

枕朝北方涅槃而臥般　日間處所光亮瑜伽士

གངས་དང་ཆུ་འབབ་ནགས་དང་ཕྱལ་ལ་སོགས། །ཁྱམས་ཀྱི་མཐོང་གསལ་ཆེ་ཞིང་ནམ་མཁའ་ཡངས། །

雪山河流林中地方等　走廊放眼明亮天開闊

 སེམས་གསལ་དྭངས་ལ་བསིལ་དྲོད་སྙོམས་པར་བྱ། །

心明清澈冷熱應平均

　　修法者閉關禪修的房子，夜間時應當沒有任何光亮，就是門窗全部關閉，但是屋頂正中間要留一個小洞。這個小洞要在比較高的位置，務必使外面的光照射不進來，可是外面的空氣和裡面的空氣能對流，屋裡空氣才會暢通。睡覺的時候頭一定要朝向北方，好像佛陀涅槃圓寂的樣子。

　　但是白天修法時應該在明亮的地方，像是雪山、森林、河邊或岩石山，放眼看過去，四處要非常空曠，可以看到廣大的天空。因為這種地方內心很容易清澈，妄念很容易減少，心胸自然開闊，但是要注意不能太冷也不能太熱。這樣好好觀修安止，逐漸就會產生證悟的大功德。

ཞི་གནས་དུས་སུ་དབེན་ཁང་ར་བས་བསྐོར། །རང་གིས་སེམས་གནས་སྐྱེ་བའི་གནས་ཤིས་ལ། །
修止之時牆院繞精舍　　自然能生住心吉祥處

ལྷག་མཐོང་དུས་སུ་མཐོངས་གསལ་དྭངས་པ་གཅེས། །རྒྱུན་དུ་ཡིད་དགར་དུས་དང་མཐུན་པ་གཅེས། །
修觀之時重視天光亮　　常時悦意重視順四季

　　修安止的時候，住的也許是茅棚，也許是房子，四周應當要有
柵欄或圍牆圍繞，這樣修安止，妄念就不容易產生，對內心的安住
有很大的幫助。

　　但如果是修勝觀，應當到高山頂或岩石的山頂，因為放眼望去
四周開闊無比，看到的天空廣大無垠，在這種地方修禪修，勝觀的
功德很容易產生。

　　總而言之，平常如果自己修安止，應該注意觀察，在什麼地方
自己的內心會感到高興快樂，特別要配合春夏秋冬四季的時間，看
哪些地方住起來內心覺得很舒服、很快樂。這樣配合四時的場所之
後，再去修安止，這點非常重要。

ནགས་རོང་ལ་སོགས་དམའ་ཞིང་འཐིབས་པ་ནི། །ཞི་གནས་གནས་ཡིན་གངས་སོགས་མཐོ་ས་ཉིད། །
林中谷地低而黑暗處　　是安止處而雪山高地

ལྷག་མཐོང་གནས་ཡིན་བྱེ་བྲག་ཤེས་པ་གཅེས། །
是勝觀處重視知個別

　　在森林之中或者在一個比較低的地方，都是修安止的處所，在
這種地方修安止，安止的功德容易產生；但是在這種地方修勝觀，

勝觀的功德就不容易產生。在雪山高處或者是空曠的岩山頂上，是修勝觀的處所，在這種地方修勝觀，勝觀的功德很容易產生。

所以，如果是修安止，什麼場所使安止比較容易產生；如果是修勝觀，什麼場所讓勝觀的證悟比較容易產生？全都要分辨清楚，好好觀察。

總之，禪修的處所和房子一定要非常寧靜。在這種地方住了之後，修安止也好、修勝觀也好，內心自然容易產生出離心，對於輪迴的痛苦自然容易產生厭離、憂苦之心。而且在這種地方修法時，對於俗事的想法自然會逐漸減少，很容易想到壽命無常，自己迅速要面對死亡，無常想越來越強烈。這樣修安止、修等持，自己的善行很容易進行，功德會增長增廣，很容易得到佛果，所以這種處所就是殊勝的好處所，這也是要依止於殊勝處所禪修的重要原因。

佛教的大乘裡都談到要觀修無我、觀修空性，不過就一個行者而言，不應當注重講高高深深的句子。以密咒乘門爲例，大圓滿法就有堅斷的實修、頓超的實修、生起次第的實修、圓滿次第的實修，行者不應當去追逐高高深深的句子。

爲什麼呢？一個行者，首先應當好好分析自己對於三界輪迴的出離心有多少？自己對於輪迴的痛苦的厭離心有多少？自己對於上師、對於教法的信心有多少？這些方面的分析才是最重要的。因爲出離心、厭離心和對上師對教法的信心，都是實修的基礎，這些很強烈就表示實修的基礎已經非常堅固穩定，行者內心應當先具有這些部分。

如果內心對輪迴沒產生出離心、對輪迴的痛苦沒產生厭離心、

對上師對教法沒產生強烈的信心，沒有無常想，對眾生沒有慈心也沒有悲心，就說我是一個行者，我在修空性，我在觀修無我，或者說我是密咒乘門的弟子，我在修生起次第、修圓滿次第、修堅斷、修頓超，如果內心有這種想法，會逐漸產生傲慢心。因為傲慢心的緣故，對於別人只看到缺點，對於自己只看到優點。在這種情況之下，熱切追逐比較高深的法，其實不會也不能純正實修，只會被魔牽著鼻子走，被魔騙得暈頭轉向。

　　至尊密勒日巴的主要弟子岡波巴達波仁波切曾經講過：「法若不如法而修，實修成為惡道因。」意思就是實修的方式非常重要。佛法，一定有如理如法、正確的實修方式。如果方式錯誤了，沒有如理如法，雖然是在實修佛法，但辛苦勞累實修很多年，只不過累積了很多墮入惡道和地獄的因而已。

　　前面我們也談過，善星比丘追隨佛陀聽法禪修，當侍者24年，在這麼長久的時間裡承事佛陀，也聽法也實修，應當累積了廣大善根；不過最後因他傲慢之心的力量非常強大，對於上師和教法的信心也都消失了，24年的辛苦勞累，最後竟然投生在鬼道。所以實修者雖然在實修佛法，但是可能也有這種危險存在，應當好好自我警惕。

　　大遍智龍欽巴尊者或前輩上師都曾開示過，弟子禪修時，首先一定要分析對上師、對教法，我的信心有多少？對三界輪迴，我產生多少的出離心？對於輪迴的痛苦，我產生多少的厭離心？這些才是禪修堅固的地基，非常重要。

　　宗喀巴大師，或是噶舉派、薩迦派許多上師，也都曾經這樣講

過。因此，無論何時何地，我們學法的弟子，對這些部分都要非常重視。法不是「我知道了」就可以了，知道之後所做的實修才是最重要的。

台灣弟子也有這樣的情況，許多弟子再三請求：「堪布啊！什麼時候要教導堅斷的實修呢？堪布啊！什麼時候要教導頓超的實修呢？」實際上，就算是貝諾法王請求上師開示教法，也是搬到上師附近住了三年，依止善知識，誠懇地請求之後，上師才賜給堅斷的口訣。

在南印度麥索（Mysore）主廟裡教導頓超實修時，必須從早上到晚上，中間不能夠停一天，先這樣實修一個月。但這樣也只是結下一個法緣而已，就是一個好的緣起，還不能算是正式的實修呢！如果連這樣一個月的實修都不能夠參加，當然後面不會再進行更多的指導。

大堪布阿秋在西藏做頓超指導時，一定要一百天閉關，中間不能夠停頓，一百天閉關完畢之後，才正式給予頓超的指導。如果連一百天閉關的基礎都做不到，後面不可能給予頓超的指導。

我們中心現在進行〈三根本〉的實修，每個月只有一兩次，每一次只有禮拜六禮拜天兩天，才兩天就有人覺得太困難、太辛苦，想著：什麼時候結束？趕快結束吧！如果是這種情況，那不可能給他做頓超的指導和堅斷的指導，因為就算給他做指導，對他也不會有任何幫助。

當然主要的原因是，台灣是一個進步的國家，大家都非常忙碌，在忙碌之中，胡思亂想非常嚴重，精進的程度也就比較少。在

這種情況下，就算對弟子指導甚深教法，不但不會有任何幫助，還會造成傷害。

造成什麼傷害呢？傲慢之心會很強烈。為什麼呢？他會認為：「我已從上師這裡得到了頓超的指導，我正在實修呢！我已從上師這裡得到了堅斷的指導，我正在實修呢！」因此產生傲慢之心。之後，對於別人、對於教法慢慢地就不恭敬，內心胡思亂想妄念嚴重。所以，就算因為熱切請求之故，給他做了指導，其實不會有任何幫助，反而會造成很多傷害。

所以，在現階段，有關堅斷的指導、頓超的指導，這些都不是非常必要。現階段應該是前面談到的那些，對於上師、對於教法的信心，還有出離心、厭離心等才是最重要的。而且就教法而言，「知道」本身並不重要，重要的是知道之後真正去實修，實修的部分才是最重要的。

མདོར་ན་ས་ཕྱོགས་དང་ནི་དབེན་ཁང་ཞིག །གང་དུ་ངེས་འབྱུང་སྐྱོ་ཤས་བློ་སྣ་ཐུང་།།

總之處所以及與精舍　　彼處出離厭離心緒短

ཏིང་འཛིན་འཕེལ་ལ་དགེ་ལ་སྦྱོར་བའི་གནས། །སྙིང་པོ་བྱང་ཆུབ་གནས་དང་མཚུངས་པས་བསྟེན།།

等持增廣善業加行處　　等同心要菩提處故依

གང་དུ་གནས་པས་དགེ་འཁྲུག་ཉོན་མོངས་འཕེལ། །རྣམ་གཡེང་འདུ་འཛི་ཚེ་འདིའི་དབང་གྱུར་ན།།

住彼處故善損煩惱增　　渙散喧鬧此世所制故

ལས་ངན་བདུད་ཀྱི་གནས་ཏེ་མཁས་པས་སྤང་། །འདི་དག་རང་བྱུང་པདྨས་གསུངས་པའི་ཕྱིར།།

惡業魔處智慧者棄之　　此皆天然蓮花所宣故

ཐར་པ་འདོད་པ་དག་གིས་ཤེས་པར་བྱ། །

欲求解脫眾士應了知

རྟོགས་པ་ཆེན་པོ་བསམ་གཏན་ངལ་གསོ་ལས། །
ཏིང་འཛིན་བསྒོམ་པའི་ས་ཕྱོགས་བསྟན་པ་སྟེ་གནས་དང་པོའོ།། །།

《大圓滿禪定休息論》述等持禪修處爲第一要也

　　如果到一個禪修的處所，閉關禪修安止，但是內心的善根沒有增加，反而逐漸減少；內心的煩惱沒有減少，反而逐漸增加；妄念也沒有減少，越來越嚴重；世俗的事情反而越來越多；而且傲慢之心也增加了。如果有這種情況，表示這是一個不適當的禪修處，是惡魔所障礙的地方，行者應當離開。

　　以上是我們修安止的時候，首先關於處所的區別，還有處所的順緣如何，應當好好地齊備。這是根據古魯仁波切所做的開示，大遍智龍欽巴尊者把它簡略摘錄大綱寫在這裡。

　　一個熱切追求解脫成就佛果的人，當然應當做禪修。但是首先要了解禪修的處所，它的情況應當是什麼樣子，這是非常重要的。

　　在顯教乘門裡，也談到禪修的處所非常重要，但對於禪修處所的觀察，沒有像這裡談到的這麼詳細。至尊宗喀巴大師寫的《菩提道次第廣論》裡也詳細解釋了安止，也談到修安止的處所，但是也沒有像這裡分析得這麼詳細。

　　因爲古魯仁波切開示這麼詳細之故，所以就特別把它摘錄下來，寫在這個地方。這是第一品，主要說明修法處所的區別，以及修法順緣的條件等。

2

夫士修禪持等述

　　第二品對於禪修的行者本身所要齊備的條件，會詳細地說明。了解後，我們就能夠觀察分析，做為一個行者，若要實修禪定，自己的相關條件齊不齊備。

　　就我們而言，是熱切追求解脫和一切智果位的行者，對於內道佛法，無論是小乘的教法、顯教大乘的教法、密咒大乘的教法或大圓滿的教法，都可以去實修。假設這些法我們都不實修，當然無法脫離輪迴得到解脫，更不用講功德究竟圓滿的佛果，根本就不可能得到了。

　　如果我要實修一輩子一個身體就能夠成就佛果這種密咒乘的教法、大圓滿的教法，那麼，一年可以分割成十二個月份，這十二個月份可以分成四季，因此，在禪修安止的時候，實修的處所應當配合四季四個段落做實修。龍欽巴尊者如此做了開示。

　　正如龍欽巴尊者所開示的，如果我們配合四季而做實修，有可能一輩子一個身體就能夠成就佛果。但當我們實修時，雖然是修密咒乘的教法，修大圓滿的教法，是一輩子一個身體就能夠成就佛果的法，我有這種想法，我有這種渴求，確實是要修這樣的法，但是我們即使修了也不可能達到效果，也不可能即身成佛。

　　為什麼呢？因為我們大多數的實修者，內心已經完全散亂在輪迴世間的法之中。我們這一輩子，想一想，在一年裡自己實修的時間有多少？少之又少，非常短暫的時間做實修而已。而在一年裡大多數的時間都在做什麼呢？大多數的時間內心完全散亂在輪迴的事物之中。因此，即使我努力實修了密咒乘的教法、大圓滿的教法，但是想要成就佛果，其實不太有希望。

　　如果修了即身成佛的法，想要一輩子成就佛果，應當徹底斷除世間輪迴的萬事萬物。如果能把世間輪迴的萬事萬物全部放棄，努力實修，就有可能一輩子成就佛果。

　　如果現在對密咒乘的法、大圓滿的法，請求了灌頂，聽聞了教法，也做了實修，雖然實修的時間不是很長，沒有辦法長時間實修，但是也許下輩子我又能夠接觸，又能夠實修多一點，下下輩子又能夠實修多一點。每輩子進步一些，將來總是有希望能夠成就佛果，這是非常有可能的。

　　如此甚深重要的教法，當我在實修的時候，必須按照正確的方式而實修。如果按照正確的方法，如理實修，要在我的內心產生功德，當然非常有可能。假設我不是按照正確的方式實修，不是用如理的方式實修，就算所實修的法是佛陀所開示的甚深秘密的教法，但是因為我實修的方式錯誤，內心就不可能產生功德。因此，如此好的法，實修的方式一定要正確，那就一定要先了解如何實修。

　　所以，現在談的是就行者而言，這麼好的法要去進行實修，可是自己要合乎什麼資格才能夠做實修？必須齊備什麼順緣？針對這個部分解釋說明。

གཉིས་པ་ཉམས་སུ་ལེན་པའི་གང་ཟག་ཀུན། །དད་བཙོན་ངེས་འབྱུང་སྐྱོ་ཤས་དང་ལྡན་ཞིང་། །

第二實修之行者抑且　具信精進出離與厭離

འཁོར་བས་སྐྱོ་བར་ཐར་པ་དོན་དུ་གཉེར། །ཚེ་འདི་བློས་བཏང་ཕྱི་མ་བྱང་ཆུབ་འདོད། །

厭惡輪迴而希求解脫　捨棄此世欲求後菩提

 རྣམ་གཡེང་འདུ་འཛི་ཀྱུང་བཞིང་ཉོན་མོངས་ཆུང་། །ཁོང་ཡངས་བྱོ་རིང་དག་སྣང་མོས་གུས་ཆེ། །

遠離渙散喧鬧煩惱少　心闊好樂淨顯信敬大

བསྟན་ལ་སྲི་ཞུར་ཕན་པ་དེ་དག་གིས། །

能夠承事聖教彼等眾

　　這裡要講的內容是，就修法的實修者而言，要齊備什麼條件？齊備這些條件之後才能夠做實修。

　　大圓滿教法的行者中，也許有人有這種想法：「這個是小乘的吧，那個是顯教大乘的吧，這個是外密咒乘的吧，那個是內密咒乘的吧！這些都不算什麼，我要修的是乘門的頂端大圓滿的教法！」因此對於其他的法沒什麼信心，也不太恭敬。如果有這種想法，完全不對，絕對不可以。只要是佛陀所開示的教法，我們都要有恭敬之心，都要非常重視。

　　現在雖然佛陀沒有安住在世間，可是佛陀所開示的教法，仍然流傳在世界上，而且這些以前諸佛菩薩所開示的法，確實存在。但是就算這些法存在，我仍然是要靠著上師，才能夠得到這些我所要實修的法，那上師就非常重要了。所以，除了對佛陀所開示的所有法都要恭敬重視之外，也要對上師非常有信心，而且要非常恭敬重視。

　　特別是在密咒乘門之中修皈依法，唸誦皈依文時，首先唸誦的是皈依上師，然後才是皈依佛陀、皈依正法、皈依僧伽。為什麼首先唸誦的是皈依上師呢？因為現在一切諸佛菩薩，還有三寶，上師、本尊、空行，他們所有的加持要進入我的內心之中，一定要仰

賴上師。經由上師，加持才能夠進入我的內心，我才能夠得到；假
設不經由上師，我根本不可能得到這些加持，絲毫都得不到！可見
上師多麼地重要，所以首先是皈依上師。

　　因此，不只對佛陀所開示的所有教法都要有信心、恭敬心，對
於自己的傳法上師更是要有信心、恭敬心。而且這信心非常重要，
因為信心是我們內心所有一切功德產生的種子，有了信心，內心的
功德才會產生，所以首先要有信心。

　　在信心的基礎之下，開始做實修，接下來要有一個好樂的精進
之心，這是非常有必要的。假設沒有一個非常好樂的精進之心，實
修不會徹底究竟，三天捕魚兩天曬網，當然不會究竟。

　　實修的時候若沒有精進之心，很容易一下頭痛，一下肚子痛，
一下身體不舒服，覺得辛苦勞累，因此就放棄了；如果有好樂的精
進之心，對這些痛苦絲毫都不在意，都能夠忍受，努力去實修，所
以好樂的精進之心非常重要。

　　譬如佛陀薄伽梵，以前投生為菩薩時，把自己身體的肉割下來
布施給其他的有情動物，他能夠如此努力而做實修。我們以自己為
例想一想，要我用刀子把自己身體的肉割下來布施給有情眾生，怎
麼可能做得到呢？做不到！但是佛陀薄伽梵為了得到佛果，他可以
把身體的肉割下來布施給有情眾生；當他投生為國王時，能夠把自
己的子女、夫人等，以及皇宮裡的財物，全部都布施給眾生。這些
事蹟在佛陀的傳記裡非常多，他是如此努力精進而做實修。所以在
前面講的信心的基礎之下，實修的時候，一定也要有這種好樂的精
進之心。

　　但是當我好樂努力做實修時，雖然非常精進，但是精進的目的是希望下輩子投生時長得非常美麗，非常有名氣，非常有地位，是一個大富翁，財富受用無窮，或者說投生在天界等。爲了達到這些目標，因此我好樂精進，努力實修。

　　如果是這種精進，這是對輪迴的幸福美滿產生貪戀執著，即使好樂精進做實修，也不能算是純淨的實修。

　　因此，已經好樂精進做實修了，還要加上一個條件，就是一定要有出離心。我要徹底地脫離輪迴，完全離開輪迴，這種出離心的想法一定要有。

　　出離心如果要產生，應該隨時隨地想到輪迴時，知道輪迴裡有苦苦、壞苦、遍行苦，還有生老病死的痛苦，這些痛苦不可思議，太多太多了，因此對整個輪迴產生非常厭惡、想要離開的想法。這個厭惡之心、討厭的想法，首先一定要產生。

　　接下來就要熱切追求佛果，「我一定要得到佛果！」這種熱切追求的想法要產生。因爲熱切追求佛果，而且前面對輪迴也產生厭惡心、出離心，因此，對輪迴的萬事萬物就不會貪戀執著；對輪迴的萬事萬物沒有貪戀執著，才有辦法捨棄此世；如果能夠捨棄此世，再加上努力精進實修，即身成佛就非常有希望了。

　　舉例而言，即身成佛的至尊密勒日巴和這個情況完全一樣。他在努力實修想要成就佛果的時候，捨棄了自己的母親，捨棄了自己的妹妹，捨棄了自己的房子，捨棄了自己的土地，輪迴之中自己所擁有的萬事萬物，完全都丟掉了，只爲了得到佛果而努力精進實修。正如他所實修的目標一樣，之後即身成就了佛果。如果我們實

修時能像他這樣，即身成佛就非常有希望了。

但是我們現在的情況是，心已經完全散亂在輪迴的萬事萬物上了。前面談到出離、厭惡之心非常重要，心不要散亂在萬事萬物之中，有什麼辦法呢？以我們現在的情況而言，我的散亂之心從何而產生？對境一定是一些人事物等，所以首先要遠離這些使我內心散亂的人事物。如果離開了這些喧鬧吵雜，心自然穩定寧靜，煩惱自然減少，內心也就比較不會散亂在輪迴之中。

還有，就一個修法的行者而言，無論如何內心都要非常開闊。內心很開闊的人，遇到痛苦能夠忍受，遇到安樂也不會放縱自己。

一般都認為「失敗為成功之母」，但是有時候「成功也是失敗之母」。一個人失敗的時候，大部分都能夠忍受，鞭策自己努力精進；反而是成功的時候，傲慢之心產生了，放縱自己，意氣風發不可一世，甚至揮霍錢財享樂，最後又失敗了，大多數的人都是這個樣子。

我們現在的情況是遇到痛苦時，大多數的人絲毫不能夠忍受這種逆境。這時應當要了解自己所遇到的痛苦，是因為上輩子所造作的業，現在業力果報成熟，可以說是自作自受。這樣想一想後，當然要能夠忍受。

而且不管在何時，內心都不能夠狹窄，心胸應該寬坦，不要有稜有角。如果心胸寬坦能夠容納萬事萬物，和自己的法友容易和睦相處，和功德主容易和睦相處，和父母兄弟姊妹、男女朋友都很容易和睦相處，那麼自己非常快樂，別人也非常快樂。如果自己的內心不夠寬坦，有稜有角，不僅自己不快樂，別人也很不快樂，所以內心的寬坦非常重要。

　　但是如何才能夠做到內心寬坦，大肚能容呢？最重要的方式就是修淨顯之心。當我們看到一切不美好時，心裡要想：「因為我內心的煩惱才看到這一切不美好，會有那麼多的毛病缺點，是我自己內心的煩惱之故。」實際上，任何人的內心都有基如來藏，基如來藏中，佛陀的佛身、佛智、佛功德完全都齊備。因為都齊備之故，我對它應當要有恭敬之心、有信心、有勝解之心，我應當把它看成非常清淨，這非常重要，所以要修淨顯之心。

　　還有，對於佛陀的聖教，無論如何應當好好做一些服務了，所以恭敬承事佛陀聖教，也非常有必要。不管是幫助出家人也好，或者是興建寺廟、興建佛塔、造經像塔等，這些承事聖教的發揚都非常有必要。

　　如果前面講的這些功德自己都齊備了，那麼，實修大圓滿的教法也好，實修密咒乘門的教法也好，實修小乘的教法也好，都會有很大的成效。

　　因此，我的內心有這些功德還是沒有？要好好分析了。假設不齊備，要努力使它齊備；假設條件都齊備了，要了解自己是一個非常有緣分的人，和這些教法都非常有緣分。接著，設法使這些條件不衰損，而且不斷地把這些條件發揚光大，努力精進實修。

　　實修的時候，最主要是我們的實修一定要非常純淨。如果前面談到的這些順緣條件都不齊備，就算做了實修也不是純淨的實修。

　　世俗之人如果想要到大公司上班，或者是到公家機關當公務人員，首先要看自己有沒有資格參加應徵考試。如果符合資格而且考試也通過了，這個工作我就得到了；如果根本不符合資格，或是有

資格考試但考不及格，這個工作就得不到了。

　　實修佛法的時候也是一樣，先看看自己有沒有資格實修這個佛法，能不能夠做實修。假設自己的資格完全齊備，有這個能力可以做實修了，那在實修時，這個實修本身一定會產生功德，而且靠著這個實修本身，一定會發揮很大的威力。實修的時候因為條件齊備，自己的內心也有強烈的信心、恭敬心和出離心，對輪迴也有厭惡的想法，能夠捨棄此世，而且內心也不會散亂在輪迴之中，然後也有一個淨顯之心，對於上師和教法也都有恭敬心、信心，以上這些條件齊備了，實修才會純淨。

　　假設前面談到的這些條件都不齊備，就好像找工作時連應徵的資格都沒有一樣，不可能得到這個工作。如果自己條件都不齊備，就算勉強實修，也是在浪費時間。為什麼呢？因為條件都不齊備，不管如何努力實修，內心都不會產生證悟的功德，也不會得到任何威力。

　　因此，實修之後，能不能得到證悟的功德、成效和威力，要看自己齊不齊備實修的資格，也就是要視齊不齊備前面談到的實修順緣而定。因此，要先明白清楚實修者的順緣是什麼，應當要齊備的條件是什麼。這些都了解、都得到之後，接下來要如何做呢？

དམ་པའི་བླ་མ་རབ་ཏུ་མཉེས་བྱས་ཏེ། །ཐོས་བསམ་བསྒོམ་པས་རང་གིས་སེམས་སྦྱོང་ཞིང་། །
己令純正上師最高興　　以聞思修而調治己心

ཁྱད་པར་སྙན་བརྒྱུད་སྙིང་པོའི་མན་ངག་ལ། །བརྩོན་ལ་ཕྱུར་རིང་སྒྲུབ་པས་ཉིན་མཚན་འདའ། །
尤於耳傳心要之口訣　　常久精進禪修度日夜

「尤於耳傳心要之口訣」，特別是對於耳傳精華心要的口訣，應當精進長久實修以度過白天和晚上。

前面談到實修的資格條件自己都齊備了，接著就要實修，這時候，要有一個修法口訣才能實修。這修法口訣從哪裡來？從上師那裡來。所以要以自己身口心三門的行為令上師高興，上師內心高興後，就傳授了諸佛菩薩所開示的教法以及實修的口訣。

上師傳授的時候，弟子要專注地聽聞；聽聞後了解法義的內容，必須記住不忘，而且要再三思維，對這個法義才會非常明白確定；已經明白確定法義後，再三進行觀修。也就是要透過聽聞、思維、觀修三種方式進行。如果正確地按照聞、思、修的方式進行，自己的內心和以前一定不同，所聞、思、修的法本身一定會發揮陶冶心性的功能。

譬如，在我聞、思、修之前，內心的想法是這樣；經過聞、思、修之後，發現諸佛菩薩的想法不是這樣，我的想法好像不對，因此，把我的想法丟掉，去想諸佛菩薩的想法。

或者在聞思修之前，我行為的方式是這樣；聞、思、修之後，想一想諸佛菩薩行為的方式不是這樣，那表示我以前的不對，諸佛菩薩的才是正確的，因此，把我以前的行為方式捨棄，那不就是自己的品行發生改變了？

又或者以前可能對教法完全沒有信心；可是聞、思、修之後，對教法的信心產生了，精進之心非常強烈，出離之心的力量非常強烈，這些以前都沒有，現在有了，那就表示聞、思、修發揮了陶冶心性的功效。

在聞、思、修之前，自己很容易憤怒發脾氣，絲毫沒耐心；進行聞、思、修後，現在不容易發脾氣了，也非常有耐心，為什麼呢？因為教法進入了自己的內心，教法和自己的內心結合在一起。教法的功效和威力呈現出來了，發揮陶冶心性的功能，所以這個人的心性改變了，這是聞、思、修的功效。

仔細想一想，為什麼會產生這樣的效果呢？因為是從聞、思、修而來。所以，當我們學習佛法時，一定要透過聽聞、思維、觀修的程序。

依照聞思修的程序，從去年❶開始我們中心也安排了大圓滿龍欽心滴的閉關實修、普巴的閉關實修、度母的閉關實修、心經的閉關實修。因為我們已經講教法講了很多年，許多弟子非常努力，聽聞教法，也再三思維，但是實修的時間實在太少，因此，內心大都散亂在輪迴的事物裡。所以去年開始我們安排很多禪修的時間，大家要精進實修。

接著，透過聞、思、修實修時，對於耳傳心要的口訣要特別努力學習，這指的是大圓滿的教法。大圓滿教法的聞、思、修非常重要，特別是大遍智龍欽巴的聖典，這個部分的聞、思、修更加重要，最主要的原因是因為靠著龍欽巴尊者大圓滿教法的聖典，許多前輩聖者都成就了佛果。持明吉美林巴也曾經在《功德寶藏》說：「雖然我本身沒有親自拜見到大遍智龍欽巴尊者，不過因為學習龍欽巴尊者所開示的聖典而做實修，因此沒有進入顛倒的道路。自己

❶本經論開示時間為 2008 年。

這輩子寶貴的時間也完全沒浪費，這是靠什麼的幫忙呢？就是靠著龍欽巴尊者的聖典。」

因此對於大圓滿的聖典，特別是大遍智龍欽巴的聖典，要努力地、大精進地聞、思、修。對於這些耳傳心要的口訣，學習的時候，不是三天捕魚兩天曬網，不是短暫精進，不是勇猛幾天就算了，應當是經年累月精進，白天晚上都要非常努力精進實修，所以說「常久精進禪修度日夜」。

談到晝夜努力精進而實修，有一些弟子，實修一段時間後就消失不見；有些弟子則是經過一年的辛苦努力後，受到懶惰影響，不再努力實修，這些人都大錯特錯了。因為這裡談到：應該一輩子經年累月，日夜恆常精進努力做實修。人一輩子的生命非常短暫，這麼短暫的生命中，這麼珍貴的實修時間，當然不能浪費，務必要更加努力精進，這是非常有必要的。

ཐ་མལ་ཕྱོགས་སུ་སྐད་ཅིག་མ་གཡེངས་པར། །ཡང་ཟབ་སྙིང་པོའི་དོན་ལ་ནན་ཏན་བྱ། །
剎那不渙散於凡庸中　當勤奮於更深心要義

這兩個句子是指當我們在進行實修的時候，也許是在自己家裡上座實修，也許是在閉關房裡閉關實修，總而言之，在實修的時候，應當對於正法、非正法要先分辨清楚。譬如心裡的目標放在世間輪迴的美滿幸福，為了得到財富、得到名氣，這種想法違背佛法，是屬於世俗凡庸的妄念，在內心無論如何都不要產生，剎那也不要渙散於凡庸之中。

把這些世俗凡庸的妄念排除之後，內心應當放在「當勤奮於更深心要義」上，勤快地追求甚深心要的意義。甚深心要的意義指的是大圓滿的教法，要非常努力追求；內心應當要整個寄託在大圓滿的教法上而實修，應當大精進實修。

譬如大堪布昂噶，一般認為他是大博士無垢友的化現，在他的傳記裡談到，他在龍多上師尊前聽聞大圓滿的教法，聽了非常多年，完全證悟了大圓滿的實相，但是龍多上師指示：「將來你要教化很多弟子，因此現在還不能夠知足，應當到佛學院，再三廣大地學習經教乘門的教法、密咒乘門的教法。因為假設自己沒有得到指導的傳承、口傳的傳承，將來不能教導弟子。」所以派他到佛學院讀了三年，三年裡不分日夜，努力學習。三年不分日夜，等於是六年的時間。

現代人總體來講，實修的時間都非常短，特別是台灣弟子，一方面忙碌，一方面心思散亂，實修的時間就更少了。若在實修時間這麼少裡還能夠來實修，表示這個人一定有上輩子的法緣，一定有宿世的緣分，不然今生不可能做實修。我個人完全相信這一點，現在能夠閉關做實修的一定是有上輩子的法緣，大家也要相信這一點，在這種了解和相信之下，持續努力精進實修。

ཉན་ཐོས་བྱང་ཆུབ་སེམས་དང་རིག་པ་འཛིན། །སྡོམ་པ་གསུམ་པོ་དག་དང་མ་འགལ་བས། །

聲聞菩薩以及與持明　　三種律儀彼此不違故

རང་རྒྱུད་སྡོམ་ཞིང་གཞན་དོན་ཅི་འཁྲུབ་དང་། །ཅི་སྣང་ཐར་པའི་ལམ་དུ་བསྒྱུར་བར་བྱ། །

約束己心且成辦利他　　應轉任顯成為解脫道

　　聲聞講的是外在分別解脫戒，菩薩講的是內在菩薩律儀，持明講的是密咒乘的持明律儀，這講的是三種實修，這三種律儀並沒有互相違背。

　　互相違背的意思是：有些人說我在實修外在分別解脫戒，因此就沒有內在菩薩律儀的實修；或者說我在實修內在的菩薩律儀，因此就沒有密咒乘的實修；或者說我在實修密咒乘的律儀，因此把外在分別解脫戒和內在菩薩律儀的實修丟掉了。如果是這種想法，三者就互相違背，就是有了這個就沒有那個，但這種想法完全不對，因為三律儀不會互相違背。如果是前面那種想法而實修，實修就不能夠純淨，對於佛陀所開示的三種律儀也不能夠做實修，因為把它們視為互相違背，實際上不是這樣。

　　就三種律儀而言，一個實修佛法的行者可以同時實修。也就是說，外在分別解脫戒的實修也可以做到，內在菩薩律儀的實修也可以做到，密咒乘持明律儀的實修也能夠做到，而且一輩子都可以做，沒有互相違背。

　　第三句講實修的方式。「約束己心」是外在分別解脫戒的實修，「成辦利他」是內在菩薩律儀的實修，「應轉任顯成為解脫道」，所顯現出來的景象全部都轉變成為解脫道，就是密咒乘持明律儀的實修，所以是三種實修的方式。

　　是我們自己沒有察覺，如果仔細分析就會了解，首先我們都努力守護「斷十不善所攝戒」，就是我不要去做十種不善業，把它當作我的戒律，這個「斷十不善所攝戒」本身就是外在分別解脫戒。

　　在小乘的聖典裡，什麼叫作外在分別解脫戒？指內心要產生出

離心，在內心擁有出離心的情況下，不要去傷害其他眾生，齊備這兩個條件，就是做到了外在分別解脫戒。

仔細分析，這個部分我們都有，因為我們都想斷除十種不善業，也都正在努力做，這個部分就是外在分別解脫戒。一方面斷除十不善業，一方面對輪迴也有出離心的想法，也沒有去傷害眾生，那就符合外在分別解脫戒了。

大家都求取過皈依的戒律，皈依的戒律要皈依三寶，皈依三寶之中有一項是皈依法寶，皈依法寶之後，它的學處是什麼呢？不可以傷害眾生，這大家都了解。所以仔細分析就知道，外在分別解脫戒的實修，其實我們的內心裡都有。所以「約束己心」就是約束自己的內心不要傷害眾生，不要做十種不善業，然後要擁有出離心，這也就是外在分別解脫戒的實修。

有了這個基礎，之後再加上我的內心產生慈心、悲心、菩提心，還想到利益眾生，我所做的善根都儘量迴向給遍滿虛空的眾生；依於這個善根，希望眾生早日脫離輪迴痛苦，早日成佛；依於這個善根，希望眾生能夠投生在西方極樂世界。這是利他的想法，這是慈心、悲心的觀修，這是屬於內在菩薩的律儀。我們都有這個想法，也都如此實修，因此，我們也都有菩薩律儀的實修。

後面那句「成辦利他」是菩薩律儀的實修，就是剛講到的內心有一個利他的想法，善根也迴向眾生，希望眾生早日成佛，投生西方極樂世界，這就是菩薩律儀的實修。

在這個齊備了之後，後面講的是密咒乘律儀的實修。譬如我們在閉關房裡閉關，觀修生起次第時，自己所實修的這個地方是清淨

的淨土；觀想自己不是凡庸的形相，自己生起為本尊天，是本尊身；之後唸誦咒語時，觀想外在的器物世界是淨土，所有的有情生命也全部都是清淨的，都是菩薩。法本儀軌都這樣講，我們也都如此觀修，這個觀修本身就是密咒乘的律儀。因此，觀修生起次第和圓滿次第，本身就是密咒乘持明律儀的實修。

因此，三種律儀其實在一個人的內心裡都存在，一個人可以同時做到三種實修，並非有這個實修就沒有那個實修。如果想：「我現在實修外在分別解脫戒，等過幾年之後我再去實修菩薩律儀吧！」這種想法不正確，不是純淨的實修。

或者想：「外在的分別解脫戒比較低，內在的菩薩律儀比較低，幾年之後我要實修最高的密咒乘的律儀。」如果有這種想法，這個實修也不純淨，因為這表示不能夠同時實修三者。一個人可以做到這三者，可以同時實修，這在我們內心裡都可以齊備的。

就算平常三種實修不能夠齊備，但是在閉關時也可以三者同時實修。譬如八關齋戒，我求取戒律，這是外在分別解脫戒。但是我求取戒律時，是在皈依、發菩提心之下求取戒律，我也唸誦了皈依，也唸誦了發菩提心，也做了觀想，然後又把善根迴向給遍滿虛空的眾生，這是大乘菩薩律儀的實修。之後，閉關時還有密咒乘的實修，因為觀想本尊，觀想觀世音菩薩，也唸誦咒語，這是密咒乘的律儀。

就我們中心弟子的閉關而言，雖然只有禮拜六和禮拜天，時間非常短，但是就在這麼短的時間裡，外在的分別解脫戒、內在的菩薩律儀和密咒乘的律儀實修，全部都齊備了，全部都包括了。可見

這時間雖然非常短暫，卻非常重要，它所發揮的成效也非常廣大，一定要了解這一點，大家要非常重視。

一般談到戒律，不僅僅只是外在分別解脫戒，其實內在菩薩律儀也有很多的內容。在《佛說毗奈耶經》中，佛陀開示：外在分別解脫戒破損的情況主要有四個原因，就是殺生、非梵行、偷盜，還有上品妄語。如果產生這四種情況，當然內心的分別解脫戒就破損了。

不過，並不是說我做了這四個項目，我的外在分別解脫戒就破了。因為任何業一定要齊備業力的四個支分，如果業力的四個支分不齊備，這個業不圓滿。四個支分就是基礎、心意、加行和究竟，如果這四個支分全部齊備了，我的戒律就破了。

譬如，我殺了一個人，是不是我的分別解脫戒就破戒了呢？不是！要看殺人這件行為本身，四個支分齊不齊備，如果四個支分齊備，戒律破了；四個支分不齊備，戒律就沒破。

以殺人為例，首先就基礎而言，對方是我的敵人，是傷害我的一個大壞蛋，因此我想要把他殺了；我去殺他時，看到一個人，我誤會成是我要殺的對象，我把他殺了。這樣我有沒有殺人呢？當然殺了人！但是殺生的罪齊不齊備呢？不齊備！因為我把那個人誤會成是我要殺的人。死掉的這個人我有沒有要殺他的想法？沒有！我只是誤會了，把他當作是我要殺的那個人。雖然這個人死了，但是我的戒律有沒有破呢？沒有！因為基礎這個條件不齊備。

其次是心意，就是內心的想法。譬如，我沒有想要殺人的想法，但是當我在玩刀劍或槍的時候，不小心槍枝走火或刀劍失手殺

了人，人也死了。這樣我有沒有破戒呢？沒有！因為我沒有殺他的想法，心意這個支分不齊備，殺生的罪業也不齊備。

第三是加行，就是行為，殺生的行為。譬如我要殺某一個人，我拿刀劍或槍殺他，殺是殺了，可是他沒有馬上死，過一個禮拜才死，而在他死亡之前，我自己先死了。那麼，我本身殺生的罪沒有成立，因為我這個殺生的行為沒有完成，因為他沒死之前我就先死了。雖然一個禮拜之後對方也死了，可是我也沒有破戒，因為加行這個條件沒有齊備。

第四是究竟，就是行為本身要完成的意思。我用刀劍或槍殺了人，可是在這個人沒死之前，我對我殺生的行為產生強烈的後悔心，心想：「這個行為實在不對，我不應該傷害人，造成他很大的痛苦，這是嚴重的罪業！」因為有強烈的後悔心，就算我殺了他，最後這個人也死了，可是，我殺生的行為不算究竟完成，我也沒有破戒，殺生的罪業不能夠成立。原因就是究竟的支分沒有齊備，殺生的行為沒有究竟完成。

針對破戒的四個主要原因，殺生、非梵行、偷盜和上品妄語，做了之後到底有沒有破戒，佛陀在《佛說毗奈耶經》裡講了非常多。行為是做了，但是到底有沒有破戒，要把這些條件一項一項詳細分析後，才能夠明白了解。

除此之外，就算是分別解脫戒真的破了，還是可以再次請求受戒，一共可以請求三次，三次之後就不能再請求了，這在《佛說毗奈耶經》裡佛陀開許過，這是就外在分別解脫戒而言。

如果就菩薩律儀和密咒乘的律儀來講，就沒有三次的限制，只

要在破損後立刻懺悔，在上師跟前發自內心深處懇切地懺悔，之後，再請求菩薩的律儀，再請求密咒乘的律儀，可以不計其數地再三請求。這些了解非常重要，如果不了解，自己有沒有破戒，根本不知道；而且就算是破戒了，破戒後會如何、自己該如何做，也不知道。

在佛陀時代，也有比丘破戒，也有破戒之後再重新請求受戒的，也有請求了三次的，三次之後，佛陀就對他講：「你不可以再請求分別解脫戒了，因為只能三次。」這種事蹟在經典裡都曾記載。

佛陀時代有一位蓮花色比丘尼，在比丘尼中是最優秀的弟子。她長得非常美麗，當時的國王阿闍世王（未生怨王）權勢非常強大，下令軍隊把她帶來，一共發生三次非梵行，外在分別解脫戒應該破掉了。可是就蓮花色比丘尼自己而言，完全是不由自主，她根本沒有和國王發生非梵行的想法，是國王用暴力強迫她。因此，佛陀對蓮花色比丘尼說：「妳仍然沒有破戒。」

佛陀時代也有比丘殺了人，但是有破戒還是沒有破戒，佛陀也都說明過。主要看行為本身，業力的四個支分齊不齊備。任何的業一定要齊備基礎、心意、加行和究竟四個支分才成立，不齊備的話，業不能夠成立。這是分別解脫戒。

如果就菩薩律儀而言，為了利益眾生之故，就算是十種不善業的行為都還開許可以做。有一種說法是，身體的三種不善業、語言的四種不善業，為了利益眾生，在對眾生有幫助的情況之下可以去做。而巴珠仁波切開示：「為了利益眾生，除了身體的三種不善業

和語言的四種不善業外，還有內心的三種不善業，這十種不善業都可以做。」

就一個行者來講，外在行為不能隨便，通常外在行為都是很重要的，不過比起外在行為，內心更為重要。所以，首先內心要在菩提心的攝持之下，有了這個基礎之後，外在的行為本身就算看起來好像不是善業，仍然是屬於善業，因為他的內心有菩提心之故。

如果內心沒有菩提心、沒有善念，可是外表做出看起來是善業的行為，也不會是善業，因為內心不善良之故。

因此，佛陀開示：當然外相是很重要，不過比起外相而言，內心更加重要；而且善業、不善業的判斷也不是由外相做根據，而是由內心做根據。

這種開示佛陀不只講過一次，很多佛經裡都再三開示過。因此，這些內容我們要記住，隨時隨地重視自己的內心，不管在什麼時候，自己的內心都要有菩提心、慈心和悲心，這是非常重要的。

ལས་དང་པོ་ཡིས་གཙོ་བོར་རང་དོན་སྒྲུབ། །དབེན་པར་སེམས་གཟུང་རྣམ་གཡེང་འདུ་འཛི་བཏང་། །
初學主要則成辦己事　精舍收心棄渙散喧鬧

རྐྱེན་ངན་སྤང་ཞིང་གཉེན་པོས་ཉོན་མོངས་འདུལ། །ལྟ་སྤྱོད་མ་འཛོལ་སྒོམ་པ་སྤྱུར་བརྩོན་ཞིང་། །
斷除惡緣對治降煩惱　見行不誤勤奮於觀修

དུག་ལྔ་རང་རྒྱུད་གང་སྐྱེས་སྐད་ཅིག་ལ། །དྲན་པས་གཟུང་ཞིང་མ་གཡེངས་གཉེན་པོ་བསྟེན། །
己心任生五毒剎那間　憶念攝持不散依對治

前面談到努力精進實修，但在佛法裡有成辦他事的法，也有成

辦己事的法，就我們初學者而言，他事和己事二者中，首先要重視
己事。

　　初學者在己事方面，對法的聞、思、修非常重要，爲了己事好
好努力聞、思、修，爲了己事好好學習三律儀，應當以這個爲主。
當己事的法已經努力實修了，用己事的法把自己的內心調伏了，之
後才能夠去成辦他事，做到利益眾生。否則，己事的法都沒有做，
也沒有調伏自己的內心，就說我要去利益眾生，如何可能呢？根本
不可能利益眾生，也沒有能力利益眾生，所以首先要重視成辦己事
的法。

　　修成辦己事的法的時候，先到一個寂靜的蘭若，安靜的地方，
同時內心斷除世俗的渙散喧鬧，斷除世俗的事事物物。實修的時候
遇到各種逆緣產生時，應當了解這是我上輩子所造作的惡業，因爲
逆緣出現遇到痛苦之故，我以前的業障就是這個時候清淨了。以前
我已經累積的惡業，它的異熟果報在這輩子出現，實在是非常好，
因爲下輩子就不會遇到了。內心要產生這種想法。

　　在自己的實修中，出現煩惱、惡緣或痛苦時，也要如此思維去
降伏它。

　　大多數的弟子有這種情況，當在閉關實修時，如果身口心三門
感到非常快樂，一切都非常順利，就會認爲我這次閉關實修做得非
常好，這個法果然有加持力！相反地，如果肚子痛、頭痛、身體不
舒服，產生疾病，就會認爲我這次閉關實修沒有做好，這個法大概
沒什麼加持力吧！

　　惡緣產生的時候，不能夠把它當作是對自己的一個幫助，表示

自己在閉關之前，沒有深入學習教法，沒有深入聞、思、修，是這樣的一個徵兆。如果因為我非常精進努力實修，因此身口心三門一切都要非常順利，然後在快樂順利的情況之下，我成就了佛果，這種例子從釋迦牟尼到現在從來不曾出現過。因為任何一個實修者在做實修時，一定有順境有逆境，也會產生順利，也會產生痛苦，這些都是必然會遇到的。

譬如中國非常有名的達摩祖師，在印度時，是一國的王子，實修時也遇到很多逆緣。之後來到中國，被人追殺，被人射中劍，遇到很多痛苦，這些事情都發生很多。所以一個實修者再怎麼努力精進實修，也會遇到順緣，也會遇到逆緣，應當了解二者全都是佛法的加持，全都是上師的加持。

逆緣、痛苦產生時，要了解這是我上輩子造作的惡業，因為我修法努力精進，靠著正法的加持、上師的加持，所以使這個惡業趕快果報成熟而出現，讓這個惡業淨化去除，不必再拖到下輩子。如果拖到下輩子才果報成熟，那就非常嚴重了，現在就能夠使它淨化去除，多麼地好！如果是順緣產生，也要了解這是上師的加持、佛法的加持，因為我努力精進實修，得到加持之故，因此遇到這些順緣。

逆境也好，順境也好，產生的時候都應該甘之如飴，快樂地接受，這實在是非常重要。

就西藏的例子來講，大遍智龍欽巴尊者、持明吉美林巴、至尊密勒日巴，他們在實修時，也遇到順境，也遇到逆境，二者都有。並非因為努力精進，一直都是順緣，在順緣的情況下成就佛果，這

是從來沒有出現過的。就我們而言，也不可能是這種情況。所以在實修時，一定是順境和逆境都有。

總而言之，見地和行持必須沒有錯誤，二者都要堅固，這非常重要。古魯仁波切曾對赤松德贊國王開示：「我的密咒乘的教法非常深奧，是至高無上的，在我的密咒乘教法裡，見地本身不會丟掉行持，行持本身也不會丟掉見地。」意思是，在實修的時候，就見地而言，應當是顯有純粹都是清淨浩瀚廣大無邊，顯現的外在器物世間全部都是無量宮殿，存在的有情生命全部都是佛陀，能夠這樣思維而了悟，這個是見地，證悟的見地。

但是在得到見地的情況之下，行持仍然要分好壞，不能不分好壞。因為就算是我了悟了見地，但是別人看的時候，一定會看到好和壞；自己吃食物的時候品嚐到酸和甜，一定要能夠分辨清楚。所以在得到見地、證悟見地的情況之下，行持本身好和壞、善和惡，還是要分得清清楚楚。能夠這樣做到，才算是見地不失行持，在見地之上沒有把行持丟掉。

假設我證悟了見地，一切都是清淨浩瀚，行為不分好壞，馬馬虎虎隨便亂做，什麼都可以做，這不是一個好的行者。因為見地之中沒有行持，在見地之下把行持丟掉了。

其次，行持不失見地，正如我的行持有分好壞，好的做，壞的不做，所以見地上我也分好壞，這個是好的這個是壞的。如果見地上也做這樣區分，那就是行持之中把見地丟掉了，他的行持裡沒有見地，這也不是一個好的行者。

所以，應當是兩者都齊備，見地本身沒有把行持丟掉，行持本

身沒有把見地丟掉。這樣的話，這個人的實修會做得非常好，是一個非常好的行者。

　　總而言之，當我們的內心五毒煩惱出現的時候，立刻要能夠認識它，知道這是五毒煩惱。在認識的當下，五毒煩惱自己就會消散，它不會持續下去。因為煩惱沒有持續下去，我對煩惱也沒有產生執著，也沒有產生耽著，因為沒有執著沒有耽著，所以內心也不會散亂。

　　因為煩惱一出現立刻就要認識它，所以平常隨時隨地應當經常觀察分析自己的身口心三門，經常檢查，這非常重要。檢查自己身口心三門符合佛法還是違背佛法，符合佛法的部分、符合學處的部分，應當努力做到，應當要斷除的部分則努力不要做。用這個方式，逐漸地能夠把煩惱斷除，逐漸地煩惱不會產生，這個對治的方式，對初學者非常重要。

ब्लो་གསུམ་བག་ཡོད་ཤེས་བཞིན་ངོ་ཚ་ཤེས། །ཁྲེལ་ཡོད་ཕྱིར་ན་རང་རྒྱུད་གདུལ་བར་བྱ། །
三門謹慎正知知羞慚　　且能知愧故調伏己心

བརྫུན་སྨད་དགག་སྒྲུབ་སྙན་དང་མི་སྙན་ལ། །སྒྱུ་མ་རྨི་ལམ་བདེན་མེད་མགོ་སྙོམས་བྱ། །
毀譽破立悅耳不悅耳　　如幻如夢無諦令齊頭

བྲག་ཅའི་སྒྲ་ལྟར་རྗེས་མཐུན་བཟོད་པ་བསྒོམ། །
如空谷響隨順修安忍

　　就我們而言，隨時隨地，都要好好分析自己的身口心三門，佛經論典中曾討論過。因此，自己的身體行為應當符合諸佛菩薩所做

的開示，自己口中所講的語言也應當符合諸佛菩薩所說的開示，自己內心的念頭想法也應當符合諸佛菩薩曾經開示的內容，如果能這樣約束自己，就稱為「三門謹慎」。

相反地，如果認為，我是一個佛教徒、我做實修、我是一個行者，但是身口心三門的行為完全不符合諸佛菩薩所做的教導，如果有這種情況，就稱為「放逸」。

或者，有些人認為，我是佛教徒，我有得到大圓滿的教法，我有得到灌頂，對於這些義理的聞思我也做了一些觀修，我進入內道佛法之門已經很多年了，進入密咒乘大圓滿的教法之中也已經很多年了。實際上不管幾年都不能當作標準，應當以實修做為標準。如果不實修，進入佛門之中無論多少年都不能算數。

所以，現在思維：我進入了密咒乘門的教法，進入了大圓滿教法之門，已經過了這麼多年，應當實修，可是我都沒有做到實修！內心覺得很慚愧很羞恥，這是「知慚」。

知愧方面是指自己也得到了大圓滿的灌頂，也聽聞了大圓滿的教法，但是也沒有做實修。經過這麼多年，我的上師、我的法友可能會這樣講：「這個人很糟糕，他都沒有精進努力實修。」他們可能會不高興，我不可以這個樣子！心裡產生這種想法，就稱為「知愧」。

總而言之，自己的身口心三門能夠做到不放逸，又能夠知慚，又能夠知愧，這個人的內心就能夠逐漸調伏了。

一般來講，我們內心裡貪戀、瞋恚、愚癡等煩惱的力量都很強大，因此，精進地聞、思、修就非常重要了，非常有必要以這個方

式令煩惱逐漸減少。

　　現在我們在輪迴之中，一般來講，輪迴裡的眾生三毒五毒煩惱的力量都很強大，這些眾生有時候會對我們稱讚，有時候會對我們輕視貶損；有時候會捨棄我們，有時候會特別照顧我們；有時候會對我們講一些好聽的話，有時候會對我們講一些不好聽的話。聽到稱讚我就很高興，聽到貶損我就很痛苦；如果他捨棄我就很痛苦，如果他照顧我就很高興……，這些情形會成為自己痛苦的原因。

　　仔細想一想，這一切就像魔術師所變出來的，好的景象、不好的景象，一切其實都不能夠成立。如果我對魔術師所變出來的好的景象產生貪戀，這是錯誤；對於不好的景象產生瞋恚，這也是錯誤。

　　譬如做夢時，在夢境之中得到很多金銀珠寶，或是在夢境之中得到一堆泥土石頭，兩者有沒有差別呢？完全沒有差別！因為醒過來後，也沒有金銀珠寶，也沒有泥土石頭，全部都沒有，所以二者其實沒有差別。

　　同樣的道理，我們在輪迴之中，會聽到別人對我們講各種各類的話，好聽的、不好聽的，也會遇到各種各類的對境，令我們內心滿意的、不滿意的，應當對這一切完全平等對待。無論如何，稱讚也好、貶損也好，好聽的話也好、不好聽的話也好，一切其實都不能夠成立。

　　這種情況就像空谷回音，自己一個人走到空曠的山谷大喊一聲，對面也有一個回音傳過來；好聽的話、不好聽的話，稱讚、貶損，都像是這樣，它本身不能夠成立。自性不能夠成立之故，對我

們也不會有傷害，也不會有幫助。

　　仔細聽聽別人稱讚的語言，如果自己本來沒有的能力，聽了他的稱讚，自己的能力也沒有變好變多；但是如果我有的毛病，聽了他的貶損反而可能會幫助自己改正毛病。所以仔細想一想，無論如何，對這一切都應當安忍。

　　在六度波羅蜜裡，經常談到比起布施的功德，安忍的利益更加廣大。一般修安忍一定要靠外緣，而在輪迴的處所裡，一天之中遇到能讓我們修安忍的外緣非常多，在遇到外緣時，自己要趕快觀修安忍。因為通常要我們布施會有一點困難，叫我們好好地守護清淨的戒律也有一點困難，只要能做到安忍，比起布施的善根，安忍的善根更加廣大呢！

　　居住在北俱盧洲（北方聲不美洲）的菩薩，因為沒有各種對境和對象能對自己稱讚、貶損，或講好聽的話、講不好聽的話，所以他們立定志向，運用神通要到南贍部洲來。因為南贍部洲壞人最多，也會講好聽的話、也會講不好聽的話，也會稱讚、也會貶損、也會傷害，靠著這些外緣，才有機會修安忍。因為修安忍能夠累積廣大的善根，所以他們特別要到南贍部洲來，尋找能讓自己修安忍的外緣。而我們已經在南贍部洲（地球）了，根本不必尋找，在不必尋找的情況下還會遇到很多。

　　所以當別人對我們稱讚、貶損，講好聽的話、講不好聽的話，這時就要好好珍惜。比起北俱盧洲的菩薩而言，我的運氣實在太好了，他們要特地到南贍部洲來尋找這種機會，而我不用找，機會自己就來了，所以要趕快修安忍，累積功德！

ང་བདག་འཛིན་པའི་སེམས་ཀྱི་རྩ་བ་བཅད། །མདོར་ན་ཅི་བྱེད་ཆོས་དང་མི་འགལ་བས། །

斬斷我執內心之根本　　總之任行未違正法故

རང་གི་རྒྱུད་བསྡམས་གཞན་ལ་མི་གནོད་ཅིང་། །ཉིན་མཚན་ཕྱོགས་སུ་སྐད་ཅིག་མ་སོང་བར། །

約束己心不傷害他者　　刹那亦不入於煩惱品

ཉིན་མཚན་དགེ་བས་འདའ་བ་ཤིན་ཏུ་གཅེས། །

日夜行善度日最重視

　　我們在輪迴裡會遇到無量無邊的痛苦，這些痛苦產生的原因是什麼呢？我執。什麼是我執？沒有我，把它執著有我，這種想法就稱為我執。因為我執的緣故，我們在輪迴裡，由於迷惑錯亂繼續不斷流轉。因此，把我執滅掉非常重要，應當好好重視。

　　除此之外，自己身口心三門所做的大大小小任何事，在進行時應當想一想，不能夠違背諸佛菩薩所開示的教法，應當順著諸佛菩薩所開示的教法內容，進行身口心三門的行為。因此，要經常約束自己不要做身體的三種不善業，不要做語言的四種不善業，不要做內心的三種不善業，總共十種不善業，一定要約束自己不要去做。

　　已經約束好之後，接著，對眾生會造成傷害的任何事，也都不要做，而且內心刹那也不要散亂在煩惱中。當我們閉關時，約束自己內心的貪戀、瞋恚、愚癡、傲慢、嫉妒等五毒煩惱，好好約束自己的內心，不要渙散到五毒煩惱中。之後，不管是白天或晚上，讓自己的身口心三門經常在行善業，這樣過一生，就非常好，也是非常重要的。

དེང་སང་དུས་ན་སྐྱེ་བོ་མི་སྲུན་པས། །དབེན་པར་རང་དོན་སྒྲུབ་པ་ཉིད་དུ་གཅེས། །
現今時代士夫頑劣故　精舍成辦己事最重視

འདབ་གཤོག་མ་རྫོགས་འཕུར་བར་མི་ནུས་ལྟར། །མཐོན་ཤེས་མི་ལྡན་གཞན་དོན་མི་ནུས་པས། །
羽翼未豐不能翔翔般　不具神通不成他事故

རང་དོན་ལྷུར་ལེན་ས་ཡིད་ཀྱིས་གཞན་དོན་བསམ། །
勤奮己事心意思他事

　　就現代人而言，內心煩惱的力量很粗重，由於被粗重的煩惱所蒙蔽，大多數人都不看自己的毛病，只喜歡看別人的毛病。這種頑劣的眾生在現代非常多，這是因為時代的因素之故。因此若和群眾在一起想要實修佛法，就一個初學者而言，沒有辦法純淨地進行實修，因為大多數人的心性都很頑劣。所以還不如一個人到深山、叢林、蘭若之處，獨自努力實修。

　　譬如，鳥巢裡的幼鳥，羽翅未豐，當然不可能飛翔在空中，只能待在鳥窩裡。因為能力不足，羽毛還沒豐滿，在這種情況下，如果牠在天空飛，結果只會掉到地上，造成死亡的危險。

　　同樣道理，一個初學佛法的行者，自己內心的功德也沒有，神通也沒有，之後到了群眾社會中，就說我要去利益這些眾生，結果不要說利益眾生，連自己的利益這方面，自己的實修、自己的誓言、自己的律儀等方面還會破損，這種危險非常有可能發生。因此，在自己的內心功德還沒有產生之前，應當居住在寂靜的深山，暫時不要去利生。應當先重視自己的利益，在使內心功德產生的這些法方面，精進努力實修。

　　在這個時候當然不能夠直接去利益眾生，但是也應當緣取眾生，內心對一切眾生觀修慈心、悲心、菩提心，而且發廣大願，發願將來自己能夠廣大利益眾生。

 རྣམ་གཡེང་འདུ་འཛི་བདུད་ཀྱི་བསླུ་བྱེད་འདིས། །རང་སེམས་མ་བསྐུལ་སྒྲུབ་ལ་འབད་པ་གཅེས། །

渙散喧鬧凶魔此詐騙　　心不上當重視勤實修

འཆི་དུས་འགྱོད་པས་གདུང་བར་མ་བྱེད་ཅིག །དེ་བས་ད་ལྟ་སེམས་ལ་གསལ་བཏབ་སྟེ། །

盼莫死時悔故心懊惱　　彼故現在內心明思維

ད་ལྟ་འཆི་ན་ཁྱེར་སོ་ཅི་འདུག་ལྟོས། །

但看當下若死何所攜

　　當我們到了蘭若、寂靜的地方實修的時候，應當不要胡思亂想，內心要斷除妄念，身體要離開喧鬧吵雜，這些喧鬧吵雜都是魔鬼的詐騙。了解這一點，內心不要被魔鬼詐騙，方法就是身口心三門放在佛法上，精進努力實修。

　　為什麼呢？因為將來有一天我們都要死亡，在死亡時一定會想到：「哎呀！對我下輩子最有幫助、最有利益的是佛法，可是我這輩子活著時沒有好好實修佛法，那下輩子我會到什麼地方去呢？也許到地獄，也許到鬼道，也許到畜牲道呀！」這個時候一定非常驚慌害怕，後悔莫及。因此，若希望到了那個時候，能夠絲毫都不害怕不擔心，沒有恐懼，非常有把握，就要靠現在有一口氣在的時候，把身口心三門放在佛法上，努力精進實修。

　　所以在實修的時後應當要了解這一點，知道實修的重要性，常

常反躬自省，看著自己的內心，好好想一想：如果我現在立刻就死了，那對下一輩子有利益的善根，我準備了多少呢？若不要投生在地獄，這些方法、善根，我準備了多少？若不要投生在鬼道，這些善根、方法，我有準備嗎？若不要投生在畜牲道，我是不是要準備一些善根，我準備了嗎？或者我希望投生在天道，方法是什麼，要做什麼準備，我準備了嗎？或者我希望投生為人類，也要準備一些善根方法，我準備了嗎？或者我希望將來能夠徹底脫離輪迴痛苦，得到解脫，也是要準備啊！我有沒有準備，有沒有努力？如果我現在就死了，我會不會擔心害怕？這些自己都要好好想一想。

གར་འགྲོ་ཅིར་འགྱུར་གཏད་སོ་མ་ཟིན་པར། །རྣམ་གཡེང་འཁྲུལ་པས་ཉིན་མཚན་འདའ་བ་འདི། །

何往何變不得寄託處　渙散迷惑度過日與夜

དལ་འབྱོར་དོན་མེད་ཆུད་ཟོས་བྱེད་པས་ན། །གཅིག་པུར་དབེན་པར་སྙིང་པོའི་དོན་བསྒྲུབས་ཤིག །

此令暇滿無義虛耗故　精舍獨自禪修心要義

གཏན་གྱི་འདུན་མ་ད་རེས་ལེགས་དགོས་སོ། །

此次實須永久妥籌畫

如果現在自己立刻死亡，神識會到什麼地方去？根本就不知道，自己也沒有把握。神識也許到地獄、鬼道、畜牲道，也許投生在天道、人道、阿修羅道，也有可能投生到西方極樂世界。到底去什麼地方，目前的情況，自己根本就沒把握。

所以活著時要想一想，死亡後當然我不想去地獄、鬼道和畜牲道，不用去的原因是我已經做了很多準備，投生在惡道的因我都沒

有做，而是廣大做了善根，這種把握一定要有。或者，想要投生在西方極樂世界，那麼，投生在極樂世界的方法，要做的準備、善根等方面的實修，我都努力做了，才會有把握一定可以去。

假設根本就沒有這種把握，在還沒有死亡的現在，就要趕快努力去做，把它準備好。因為現在還不算太晚，趕快努力實修，把一切準備好，得到一個堅定的把握和相信，那就非常重要了。

要好好做一個準備，不應當內心散亂過日子。白天心思散亂在世俗的事情，時間過去了，晚上也心思散亂，時間也過去了。如果這樣，那這個人身就完全沒有意義，完全浪費了。

人身是非常珍貴的，無論如何不能夠使它變成沒有意義，也不能夠使它浪費，讓它有意義不浪費，會有很大成效。這種機會完全掌握在自己手中，而且現在都還有自由作主的機會。

一般來講，六道的眾生無量無邊，在這麼多的眾生裡，人類被稱為萬物之靈，這是因為人類非常聰明，苦樂的感受非常強烈，可以做很多特別的思維。因此，佛經裡談到，比起殺死其他生命，殺人的罪業更加嚴重；比起幫助其他的生命，幫助人類的善根更加廣大。這就是因為人類的身體非常重要，人類的思維威力非常強大之故。

人類運用腦袋思維，為生活帶來眾多方便，例如製造飛機、汽車、火車、電話等，正如以前的修行者能夠做到的神通變化能力，現在運用機器也做出來了。

飛機要飛一天才到的遠方，那邊發生什麼事，只要打電話問一下，馬上了解情況，這差不多就等於以前人的神通了。古代有神

通的人可以在天空飛翔，飛到遙遠的地方，現代有飛機，200 人、300 人可以一起搭飛機，飛到遙遠的地方，這完全都是運用人類思維能力的結果，製造出的這些機器，就好像古代的神通變化能力一樣。因此，人的身體、思維能力這麼珍貴，不能使它無意義，不能浪費，這些應當好好想一想，再三努力，放在佛法的實修上。

當內心放在佛法上，心向於法而實修時，一般來講，初學者應當在蘭若、叢林、深山之中閉關，好好修大圓滿的教法、好好做觀想實修，這非常重要。為什麼呢？因為如果好好實修大圓滿的教法，努力精進，將來能夠達到一個成效，得到一個果位，而且不是無常的，是永恆存在的究竟佛果，這個果位透過大圓滿的實修就能夠達成。

ཕྱི་ནས་གར་འགྲོ་བདག་ལ་ཚ་ཡོད་དམ། དེ་བས་དེ་རིང་ཉིད་དུ་བརྩོན་པར་བྱ། །
此後何去我有肯定否　彼故即於今天當精進

འཁོར་བའི་འཁྲུལ་སྣང་འཇིགས་པའི་ལམ་འཕྲང་འདྲ། །འདི་ལས་ཐར་ཐབས་དགོས་སོ་སེམས་ལ་ཟུང་། །
輪迴惑顯恐怖隘口般　心忖定需脫困方便矣

這四個句子談到，如果自己不能夠純淨實修，下輩子會投生在六道什麼地方，自己根本沒有把握，完全沒有信心。因此從今天開始就好好做準備，將來我不要投生在六道，我要投生在西方極樂世界，我要徹底脫離三有輪迴，為了得到解脫，為了達到這個目標，自己的身口心三門，應當不分日夜，大精進地做實修。

一般來講，輪迴的景象，地獄、鬼道和畜牲道的景象之所以出

現，是因為自己的煩惱非常粗重，所造作的惡業的力量很大。因此，看到地獄的景象出現，這是迷惑的假相；看到鬼道的景象出現，這也是迷惑的假相；看到畜牲道的景象出現，這也是迷惑的假相。

除此之外，譬如眾生投生在地獄，地獄的景象出現時，是誰把它製造出來的嗎？不是！是自己的迷惑、錯亂所形成的景象。或者投生在鬼道時，鬼道世界的景象，難道是誰把它製造出來的嗎？也不是！是由自己的業力、迷惑的假相形成了鬼道的世界。鬼道眾生有的身體冒出熊熊的烈火，難道是誰把它製造出來的嗎？也不是！是因為自己煩惱的力量很嚴重，由煩惱的力量呈現出這些迷惑的景象。

譬如一個瘋子在屋子裡，說他看到了這個鬼、那個鬼，恐懼害怕。由於自己迷惑的假相，造成內心驚慌害怕，造成自己很多痛苦，這是內心煩惱的力量所形成的。

對於三有輪迴的這些迷惑的景象，「我一定要脫離這一切」，內心要有這種決心。而且這種想法經常在內心裡，非常堅固，絲毫都不忘記。這種「我一定要徹底脫離三有輪迴一切迷惑景象」的決心，就稱為「出離心」，出離心是外在分別解脫戒的本質。所以，如果一個人的內心經常有要脫離三有輪迴的這種想法，很堅決，而且也絲毫不忘記，那這個人其實已經做到了外在分別解脫戒的實修。

ད་རེས་འཁྲུལ་ན་གཏན་དུ་འཁྲུལ་པར་འགྱུམས། །དེ་བས་བརྩོན་པ་སྐྱེད་ཅིག་སྐྱིང་ལ་ཞོག །
今若錯誤永久入錯誤　彼故盼生精進請記住

ཉོན་མོངས་རྒྱ་མཚོ་བདག་འཛིན་བརྒལ་དཀའི་མཚོ། །ཁྱལ་འགྱུར་གྱི་ཕོན་ད་རེས་བརྒལ་བར་བྱ། །
煩惱大海我執難渡海　此次當以暇滿船越渡

我們生活在這一輩子，許多人往往都沒有想到自己的下輩子，在不思維下輩子的情況下，一輩子在迷惑錯亂中度過。因此，如何徹底脫離輪迴得到解脫？這方面沒去想，也沒有做準備。如果沒做準備，那未來肯定還要繼續墮入輪迴之中，在迷惑錯亂的三有輪迴裡繼續不斷流轉。如果在輪迴裡流轉，會有一個危險，因為我們這個人身，將來不一定會再得到。

就一個眾生而言，一定要累積一些善根才能夠得到人身，不過現在這時代，就算已經累積了投生為人的善根，善根已經齊備了，也不一定會投生為人。現代要得到人類的身體比起古代而言困難多了，因為古代一對夫妻可能生 6、7 個小孩，甚至在鄉下生 10 個小孩也很多，但是現代的夫妻，大多生兩個小孩，很多只生一個，還有更多根本不想生小孩。

因此在現代，假設一個人死了，他已經累積了投生在人道的善根，但他也很難投生在人道裡，因為找不到要生小孩的爸爸媽媽。所以，會形成一個現象，就是六道的眾生這麼多，就算已經齊備投生成為人類的條件，如何去找到助緣之後投生變成一個人呢？比起古代而言太困難了。

其次，在生命之中，人類是最聰明的，但都還有很多的迷惑錯亂，其他的生命就更不用講了。人類比其他的生命聰明，六道眾生裡只有人類知道有下一輩子，如果去到下一輩子，我用什麼方法可以得到快樂？善根。而且善有善報、惡有惡報，將來我要避免痛苦、避免惡道，我應該怎麼做？方法是什麼？這些內容人類都知道，所以人類是非常聰明的。

　　如果身處現在這麼聰明的人類的這一輩子，沒有好好去想下一輩子，沒有好好累積善根，那就是內心迷惑錯亂了。如果這麼聰明的人類都會內心迷惑錯亂，其他眾生當然更加迷惑錯亂。因此，萬一自己下輩子不是人類，投生爲其他生命，當然比這輩子更加迷惑錯亂；在更加迷惑錯亂的情況下，下下輩子要再投生爲人類，就絲毫沒有機會了。

　　因此，在我們得到人身的現在這個時候，在思維非常聰明、能夠明白這些教法意義的時候，努力精進實修是多麼地重要。這時候應當想一想：我下輩子不要投生在三有輪迴之中，我要徹底脫離輪迴的痛苦！一定要抱定這個目標，下定決心之後，身口心三門大精進努力實修佛法，這才是最重要的。

　　在努力實修佛法要脫離三有輪迴時，佛經常用「煩惱就像一個廣大的海洋」這個比喻。一個人如果要到大海的對岸去，假設這個人不會游泳，冒冒失失跳進大海，馬上就淹死了；就算這個人會游泳，跳進海裡，游了三小時、四小時、五小時，最後也是精疲力盡，仍然會死亡。

　　和這個情況一樣，煩惱就像廣闊無邊的大海，我要超越煩惱到對岸去，沒有那麼容易，要想方法。正如一個人要到大海對岸，須靠一艘好船；煩惱廣大無邊，我要超越煩惱到對岸去，徹底離開三有輪迴得到解脫，也要靠一艘好船，那就是暇滿的人身寶。靠著暇滿的人身寶，努力實修佛陀正法，肯定能夠離開三有輪迴，這個方法確實存在，而且有這個效果。

　　除此之外，沒有得到人身，沒有遇到佛陀的教法，這些條件都

不齊備時，有沒有機會脫離三有輪迴呢？根本沒有！所以，想要脫離輪迴得到解脫，唯一可以依靠的就是暇滿的人身寶，以及佛陀的正法。

ཐར་ལམ་བྱང་ཆུབ་རྒྱབ་ལམ་རེས་འགའ་ཞིག །བསོད་ནམས་དབང་གིས་སྣང་བའི་གནས་སྐབས་འདིར། །

解道菩提些微萬一矣　福德之故光亮此時機

སྙིང་ནས་བརྩོན་པས་ཕན་བདེ་བསྒྲུབ་པར་བྱ། །ཚེ་ཡང་མི་རྟག་སྐད་ཅིག་འགྱུར་བ་སྟེ། །

衷心精進當成辦利樂　壽亦無常剎那改變也

རྣམ་གཡེང་བསླུ་མཁས་ཕྱི་བཤོལ་དགེ་ལ་བྱེད། །

渙散巧騙拖延行善業

我們珍惜自己的暇滿人身寶，之後也請求灌頂，也實修佛法，也參加閉關，也做了各種實修，這些都是脫離輪迴得到解脫應當要準備的善根，應當要做的實修，都是非常重要的。但是仔細分析，我們實修的時間算不算長呢？不長！實修的時間非常短，大家想一想就知道了。

雖然這些實修對累積善根這麼重要，但我們實修的時間非常短暫，而我們能夠得到這麼短暫的實修機會，從何而來呢？還是要自己上輩子累積很多的善根。因為上輩子所累積的善根的成效，這輩子才有這麼一個短暫的時間可以實修，才有這個成效存在，自己應該了解這一點，要更加珍惜。

大家想一想，台灣有名氣的人、有財富的人、有地位的人非常多，但像我們一樣有幾天實修的機會，他們有沒有得到？沒有！即

使他們非常有名氣、非常有財富、非常有地位，但是連這種短時間
的實修機會都得不到，表示他們上輩子累積善根時，心裡只有想到
輪迴中的名氣、財富、地位。抱著這個期望發願，內心都沒有想到
下輩子我要遇到正法，我要學習佛法，我要努力實修，我要脫離輪
迴痛苦。他們沒有這種想法，也沒有如此發願，因此享用這輩子輪
迴的幸福快樂，把善根完全耗損掉，多麼地可惜。

　　因此，我們內心要好好了解這點，即使只有一個短暫時間的實
修機會，都要覺得非常珍貴，發自內心深處珍惜這個短暫的時間，
純淨地做實修。在實修裡，努力想辦法將來要能夠達到目標，暫時
的目標是解脫，究竟的目標是佛果，好好精進努力去達成。

　　要努力精進的原因是因為壽命短暫，無常隨時都會發生。有些
人也許活到壽終正寢而死，但是也有人因為遇到一些外緣障礙，昏
迷變成植物人，身體完全不能動，像屍體一樣躺在醫院中，這種例
子也非常多。

　　所以無常什麼時候會發生？沒有人知道，它隨時都會發生。如
果不思維無常，會受到散亂魔的詐騙。心思散亂這個惡魔會欺騙我
們，因受到它的欺騙之故，自己就不會實修，就不想累積善根，就
會懶惰不精進。

　　前面談到了實修非常重要，實修的時候要努力精進，因為無常
剎那隨時會發生。所以這個時候想一想，我不要受到散亂惡魔的控
制，我應當珍惜現在，即使只有短暫實修的時間也要非常珍惜，趕
快努力精進累積善根，徹底降伏懶惰，不要受到散亂惡魔的控制。
要有這種認識，努力去做。

འཁྲུལ་པ་རྒྱུན་རིང་གོམས་པ་བརྟན་པས་ན། །ཉོན་མོངས་ཕྱོགས་ནི་སྐད་ཅིག་ངང་གིས་འདུ། །
迷惑長久串習堅固時　　煩惱諸品剎那自然集

བསོད་ནམས་དགེ་ལ་འབད་ཀྱང་འབྱུང་དཀའ་བས། །ལས་ཀྱི་གདུང་ཕྱུགས་བཟློག་ལ་འབད་པ་གཅེས། །
雖勤福德善業難生故　　重視勤奮打退業貪求

　　其實我們從無始輪迴到現在，已經經過了千千萬萬年。在輪迴的漫漫長流之中，我們投生了無數次，其中得到人身的次數實在太少了，大多數時間都投生在其他道之中。因為沒有得到人身，當然不能夠思維佛法，不能夠了解佛法的意義，不能夠進行禪修。而且因為大多數時間投生在惡道之中，一定都受到痛苦的逼迫，在那種情況下，煩惱串習的力量很強烈，會擾亂內心，造成內心很多錯亂。

　　分析眼前情況就知道了，我們現在雖然得到暇滿人身寶，可是還是非常容易產生煩惱，不必花力氣，煩惱自然就產生了。

　　譬如我們進行八關齋戒閉關時，非常努力精進實修，那內心有沒有產生安止的功德呢？沒有！內心要產生一些功德其實非常困難。閉關時，要呼九節濁氣，要具足毗盧七支坐法，要透過非常辛苦勞累努力精進實修，內心安止的功德卻連一分都還沒有產生。那表示以前我們得到人身的次數少之又少，即使得到人身，禪修的機會也非常少，所以就算現在得到人身做實修，力量也非常薄弱。這也表示以前修善法，實修串習的力量非常薄弱，所以現在實修很辛苦很勞累，而內心安止的功德一分也沒有產生。

　　但是內心煩惱的產生是不是非常容易呢？是的！不必花任何力氣，也不必準備，煩惱立刻就產生了。譬如貪戀、瞋恚、愚癡等煩

惱產生時，我需不需要呼九節濁氣？要不要做毗盧七支坐法？要不要辛苦勞累？不需要！這些準備工作全都不需要，各種煩惱它自己就出現了。那表示煩惱在我們內心串習的時間非常久，力量非常強大，所以不必做任何準備，自然就會出現。

所以這輩子很幸運得到了暇滿人身寶，應當想辦法讓自己內心煩惱串習的威力減弱，進而把它消滅。方法就是自己身口心三門應當努力放在佛法的實修上，而且以大精進努力實修，就能夠把內心煩惱的威力，慢慢地減弱、消滅。

འཁོར་བའི་གནས་ན་བདེ་བ་ཅུང་ཟད་མེད། །སྲིད་པའི་སྡུག་བསྔལ་བསམས་ན་བཟོད་ལྐོགས་མེད། །

輪迴處所無絲毫安樂　　若思三有之苦難忍受

འདི་ལས་ཐར་ཐབས་ད་རེས་བཙལ་པར་བྱ། །སྲིད་ནས་སྲིད་པའི་དོན་ལ་མ་འབད་ན། །

今當精進解脫彼方法　　若不衷心勤奮心要義

དལ་འབྱོར་རེས་འགའི་ཚོས་ཀྱིས་ཕན་མི་ཐོགས། །

些微空閒之法未能利

在三有輪迴之中，我們往往會以為這個很好、這個很快樂，不過，我們所認定的快樂，用邏輯推理仔細分析，就會發現快樂本身也會帶來痛苦。如果快樂本身會帶來痛苦，這個快樂不能當作一個究竟的快樂，而且它也不是一個可以信賴的快樂。在三界裡，究竟的快樂、可以信賴的快樂，根本就沒有，因此不必太重視三有輪迴的快樂。

應當特別把三惡道的痛苦想一想，僅僅只是想一想三惡道的痛

苦，都會膽顫心驚不能夠忍受了。如果我親自遭遇到的話，那會如何？根本不用再講了。

　　所以要好好想一想，我如何能夠脫離三有輪迴？脫離三惡道的痛苦，脫離輪迴得到解脫，都完全要靠暇滿人身寶。因此，現在得到暇滿人身寶時，就要非常重視能離開輪迴得到解脫這方面的善法實修，應當趕快努力精進。而且在精進時，一定要發自內心深處，腳踏實地，確確實實是為了脫離輪迴的痛苦、脫離三惡道的痛苦，為了得到解脫，因此我來做實修。假設沒有下定這種決心，只是湊熱鬧請求灌頂，有時間就參加一下閉關，沒時間就說我工作忙，也不參加閉關，覺得閉關不重要，如果是這樣，那所做的實修對自己能夠產生多少幫助，就不一定了。

　　一般來講，在這種情況之下實修佛法，這輩子能不能成佛，能不能得到解脫呢？沒有辦法確定。這並不是說佛法沒有威力，而是用這種方式實修，那自己這輩子能成佛嗎？不能成佛嗎？能解脫嗎？不能解脫嗎？實在不能肯定。

དེ་བས་མི་རྟག་བློ་ཤས་ཆེར་བསྐྱེད་དེ། །སྐྱིད་ཅིག་མ་ཡེངས་སྒྲུབ་ལ་བརྩོན་འགྲུས་བསྐྱེད། །
彼故力生無常與厭離　剎不渙散起精進實修

དེ་ལྟར་དང་པོ་ཉིད་དུ་རྟོགས་བྱས་ན། །ཕྱིས་ནས་འཕགས་པའི་གོ་འཕང་མྱུར་དུ་འཐོབ། །
如前如若初時即了解　後時將能速得聖者果

　　不管何時一定要再三觀修壽命無常，而且對於三有輪迴應當產生厭惡的想法，產生出離心，之後熱切追求「我要脫離三有輪迴得

到解脫」，這種想法一定要產生。這種想法產生後，一剎那內心也不要散亂，完全致力精進於佛法的實修。

　　不過，像前面所談到的內心絲毫都沒有散亂在輪迴的事上，一輩子精進實修，對我們來講，任何人都做不到。不過就算不能夠做到，平常每天修一座、修二座，修一個小時、修二個小時，在自己實修的時候，內心不散亂，這樣來努力，還是非常重要的。或者在我們中心辦閉關禪修時，週六週日這兩天裡，心思不散亂，精進實修，那也是非常重要的。

　　總而言之，要達到精進內心不散亂，基礎是經常思維死亡無常、輪迴痛苦。而且要好好想一想，假設我這輩子沒有脫離三有輪迴，那下輩子想要得到人身，又有實修機會，這種情況大概不會再有。在這個了解之下，這輩子就會努力精進實修。而在努力精進實修時，一般來講，所實修的法之中，在短時間裡就能夠證得諸佛菩薩果位的這種密咒乘的教法，確實存在，靠著這具有威力的密咒乘的教法，就有可能在短時間之中得到殊勝的果位。

རང་དོན་འགྲུབ་ཅིང་གཞན་དོན་ངང་གིས་འབྱུང་། །འཁོར་བའི་གནས་ལས་ཐར་པའི་ལམ་མཆོག་རྙེད། །

成辦己事自然出他事　　得到脫離輪迴殊勝道

དེ་ཕྱིར་ཅི་བྱེད་ཆོས་དང་བསྟུན་པ་ནི། །བྱང་ཆུབ་བསྒྲུབ་པའི་རྟེན་གྱི་གང་ཟག་ཡིན། །

彼故任行皆隨順正法　　成辦菩提所依士夫矣

རྫོགས་པ་ཆེན་པོ་བསམ་གཏན་ངལ་གསོ་ལས། །
གང་གིས་བསྒོམས་པའི་གང་ཟག་བསྟན་པ་སྟེ་གནས་གཉིས་པའོ། །

《大圓滿禪定休息論》述進行禪修之士夫爲第二要也

　　如果按照前面所講的內容，自己努力精進實修，證得諸佛菩薩的果位，當然就達成己事了。之後要利益眾生、成辦他事非常容易，也能夠達成，不僅能夠達成，而且根本不必辛苦也不必花力氣，自然就達成了。

　　因此脫離了三有輪迴的處所，靠著這個道路得到至為殊勝的佛果，這些道路是存在的，這些實修我們也都可以做到，做了實修，果位也是可以得到的。因此應當好好努力精進實修，這是非常重要的。

　　總而言之，應當經常反省觀察：自己身體方面的行為是什麼樣子？語言方面的行為是什麼樣子？內心方面的念頭思維是什麼樣子？無論如何，一定要符合佛法的要求。

　　所謂符合佛法的要求，是指身體方面的行為應當斷除三種不善業，它的反面的善業努力去做，那就表示我身體的行為已經合乎佛法的要求了。

　　語言方面的行為應當斷除語言方面的四種不善業，而且應當做到它的反面的善業，那就表示我語言的行為合乎佛法的要求了。

　　還有，內心的思維應當斷除三種不善業，努力去做它的反面的善業，那就表示我內心的念頭、想法、思維合乎佛法的要求，隨順於佛法了。

　　相反地，就會變成違背佛法，譬如自己身體的行為做了三種不善業，而身體的三種善業也不做，那就是身體的行為違背了佛法。語言方面的行為做了四種不善業，而語言的四種善業也不做，那就是語言的行為違背了佛法。內心方面的思維做了三種不善業，而內心的三種善業也不做，那就表示內心的思維、念頭都違背了佛法。

　　因此，自己身口心三門的行爲到底是合乎還是違背佛法的要求？自己應當要經常反躬自省，就會明白。假設自己身口心三門的行爲違背了佛法，我這個人身已經變成沒有意義，我已經把它浪費掉，這樣的身體不是能夠成就佛果的身體。這點自己要了解，之後要想辦法改變成爲能夠證得佛果的人身；要把它改變過來，應當知道把自己的毛病慢慢地減少，優點功德慢慢地增加，逐漸地，自己的身體會變成能夠證得佛果的身體。

　　就大圓滿教法的實修也好，顯教乘門教法的實修也好，自己能不能做到這個實修、有沒有這個能力、條件齊不齊備，這是第二品所開示的內容。從第二品的內容分析，自己身體方面的資格齊不齊備？內心方面的資格齊不齊備？假設身心方面的資格、條件都齊備了，這些功德都有了，因爲它和珍寶的很多特色都完全一樣，所以這種身體稱爲「暇滿人身寶」。

　　如果根據第二品所提到的資格自我分析後，自己的身口心三門條件都沒有齊備，那這個身體只能稱爲普通的人類的身體，不是暇滿人身寶。如果有這種情況，要想辦法把這個普通人身改變成爲暇滿人身寶。在這輩子已經是人類身體的狀況下，這點比較容易做到，也有方法可以做到，那就是靠著佛法的實修，所以在這方面要好好努力。

　　這是《大圓滿禪定休息論》第二品所討論的，修行者本身要具備什麼資格條件才能夠做實修。接著第三品要正式說明，這些條件齊備之後要做觀修，到底要做什麼觀修呢？觀修的內容和口訣是什麼呢？

3

述等持禪修次第

第三品正式說明觀修安止的次第，以及觀修的方式。

在經教乘門中也開示了五種安止的觀修方式。針對貪戀之心，對治法門要修不淨觀；針對憤怒瞋恨之心，對治法門要修慈心觀；針對愚癡之心，對治法門要修緣起觀；針對傲慢之心，對治法門要修界差別觀；針對妄念紛飛胡思亂想，對治法門要修數息觀。

在《俱舍論》裡也有談到安止的觀修方式，針對五蘊的法做分析觀察而禪修；對於十八界的法做分析觀察而禪修；對於十二處的法做分析觀察而禪修；對於緣起的法做分析觀察而禪修；對於處、非處的法也做分析觀察而禪修。

一般來講，禪定的觀修方式，在顯教乘門開示的很多，就像前面所談到的，除此之外，禪定的觀修方式的相關口訣，更是各種各類非常多。所以大遍智龍欽巴尊者在這個段落，開示禪定觀修的方式和口訣，分成前行的次第、正行的次第、結行的次第來說明。

前行的次第

གསུམ་པ་ཉམས་སུ་བླང་བྱའི་ཚོས་ལ་གསུམ། །སྔོན་འགྲོ་དངོས་གཞི་རྗེས་ཀྱི་རིམ་པའོ། །

第三實修之法分三項　　前行正行結行次第矣

དང་པོ་སྔོན་དུ་འགྲོ་བའི་ཚོས་བསྟན་པ། །མི་རྟག་སྐྱོ་ཤས་སྤྱི་ཡི་སྔོན་འགྲོ་སྟེ། །

首先講述前行之修法　　無常厭離總體前行也

ཚེ་འདིའི་ཞེན་པ་གཏིང་ནས་ཟློག་པར་བྱེད། །སྙིང་རྗེ་སེམས་བསྐྱེད་བྱེ་བྲག་སྔོན་འགྲོ་སྟེ། །

能令徹離此世之耽著　　悲心發心個別前行也

ཐེག་ཆེན་ལམ་དུ་ཚོས་རྣམས་འགྲོ་བར་བྱེད། །དེ་ཕྱིར་ཐོག་མར་སྔོན་འགྲོ་རྣམ་གཉིས་སྦྱང་། །

能令諸法入於大乘道　　彼故初時修習二前行

　　首先是前行的理論，其中又分成兩項，就是總體的前行理論和個別的前行理論。總體的前行理論是：一般來講，內道佛教裡分成很多派系、很多乘門，無論如何，所有派系乘門全部都承認、全部都要做的實修的法，就是無常觀。外在的事物、內在的事物，一切全部都是無常，不存在一絲一毫恆常堅固的法。

　　如果我們把外在的法做一個分析，會發現外在的法逐漸進步的也有，逐漸退步的也有。就今年❶而言，緬甸發生很大的災難，中國四川也發生了很大的災難，這些都是屬於外在的法，也是無常的變化，在變化之中不斷退步落後。但是有一些地方又種了很多大樹，開闢了很多公園，興建了很多房子，這些當然還是屬於無常法，但是在無常的狀態之中，它卻是進步了。

　　其次，就內在的法而言，例如我們的身體，從媽媽肚子剛生出來時，非常弱小，沒有力氣，幾乎沒什麼用處。之後，這個身體逐漸發育長大，擁有很大的力氣，這是無常，但是在無常之中卻是進步。然後又在無常裡變化，逐漸又老化，慢慢地身體又衰弱了，這也是無常，但是在無常的變化中，卻是衰弱、退步了。

　　所以，就無常而言，有時候也會造成進步。但是就算是無常的進步，也不會堅固，也不會恆常存在，在無常的變化之中，最終它又會逐漸衰弱。

　　因此，雖然外在的法實在是非常好，但也不值得對它產生貪戀，因為在無常的力量之下，它總是會逐漸衰沒的。對於內在的

---

❶ 本經論開示時間為 2008 年。

法，認爲它實在非常好，而產生貪戀之心，這也不需要，因爲在無常的變化之下，它仍然要逐漸衰沒微弱。

總而言之，對於外在的法不需要貪戀執著，對於內在的法也不需要貪戀執著，因爲這些都是在無常之中，內心要產生這種無常想。無常想是所有內道共通的前行，不分任何派系都主張、都承認，都應當要做這樣的實修，所以稱爲「總體的前行」。

前面講的是總體內道佛教，但是，內道佛教不一定是大乘，如果個別來講，就大乘而言，要做的前行的實修是什麼呢？就是必須在內心產生悲心，產生菩提心。原因何在呢？因爲遍滿虛空的眾生都曾經是我的父母、兄弟、姊妹、男女朋友、夫妻，一定都有這些關係的緣分存在，這是必然的，因此，對這一切的眾生要產生悲心，產生菩提心。

譬如我們對自己這輩子的爸爸、媽媽、兄弟、姊妹等都會產生悲心、菩提心，一樣的道理，遍滿虛空的一切有情眾生，以前都曾經是我的父母兄弟，所以對這些眾生應當沒有遠近親疏的差別，應當對這一切眾生都產生悲心、菩提心。這是大乘的主張，所以這是內道大乘派系個別的前行法。

假設內心對一切的眾生沒有悲心、沒有菩提心，不管實修多少的法，實修多麼深奧的法，實修多麼久，多麼辛苦勞累，所修的法都不能算是大乘的法，所走的道路也不會成爲大乘的道路。

因此，只要是內道佛教徒，總體要做的前行是以無常來修心；個別來講，如果是大乘的弟子，在大乘之中，要做的前行是以悲心來修心、以菩提心來修心。分成這兩種情形，以這兩種前行而修心。

དེ་རྗེས་ཁྱད་པར་མཆོག་གི་སྔོན་འགྲོ་ནི། དབང་ཐོབ་ནས་བསྐྱེད་པ་རིམ་གཉིས་ཏེ། །

其後特別殊勝前行者　得灌頂後生起二次第

རང་ལུས་ལྷ་དང་སྣོད་བཅུད་ལྷར་གསལ་བས། ཁམ་འཛིན་པའི་ཞེན་པ་ཟློག་པར་བྱེད། །

明現己身天尊情器天　故能退除凡庸執耽著

ཟབ་ལམ་བླ་མའི་རྣལ་འབྱོར་བསྒོམས་པ་ཡིས། བྱིན་རླབས་ཚད་མེད་རྟོགས་པ་ཤུགས་ལས་འཆར། །

觀修深道上師瑜伽故　無量加持大力現證悟

བར་ཆད་ཀུན་སེལ་དངོས་གྲུབ་རྣམ་གཉིས་ཐོབ། དེ་ཕྱིར་དེ་རྗེས་སྔོན་འགྲོ་མཆོག་གཉིས་བསྒོམ། །

盡除阻礙得二類成就　彼故其後修二勝前行

　　前面談到總體的前行也修完了，之後把個別的前行也修完了，這些前行法都好好修心的話，那小乘的法也包括在裡面，大乘顯教的法也包括在裡面。因為其中總體前行的部分包括了小乘的教法，個別前行的部分包括了大乘之中顯教乘門的教法。把這些都好好修心完畢之後，接下來進入密咒乘門的前行以及大圓滿的前行這兩項。

　　「其後特別殊勝前行者」，殊勝的前行講的就是密咒乘門的前行。如果是密咒乘門的前行，要先得到寶瓶灌頂、秘密灌頂、智慧灌頂、詞句灌頂，得到這四種灌頂之後，就要修生起次第，然後修圓滿次第。

　　在實修生起次第的階段裡，要把自己的身體觀想成本尊身體的形相，要將外在的器物世間觀想成清淨的無量宮。總而言之，外在內在一切的法，全部都觀想成為清淨的面貌，因此，我們現在世俗凡庸者所看到的這些不清淨的景象，能夠排除，世俗凡庸者視這些

都是不清淨的這種執著，也能夠因此排除。所以在密咒乘門裡這樣開示：五蘊是五方佛的性質，地水火風空是五方佛母的性質。

一位密咒乘門的行者，能夠以這個方式將世俗凡庸的執著滅除，所以有實修的必要性。如果能夠將凡庸的執著、耽著滅掉，同時也滅掉了補特伽羅我執（人我執），滅掉了法我執。

我們現在內心都有補特伽羅我執，都有法我執，這些執著都是對於凡庸所顯的對境產生貪戀。但是如果我們觀想清淨的無量宮，觀想本尊，對清淨的無量宮和本尊就不會有這種貪戀，就不會存在耽著。當觀想清淨的無量宮和本尊而得到證悟的時候，就可以因此斷除這兩種我執。這是屬於殊勝的前行，密咒乘的前行。

其次，是甚深道上師瑜伽的觀修。「觀修甚深上師瑜伽故」，是指大圓滿的前行，大圓滿的前行就是甚深的道路、甚深的法，要講的是上師的觀修方式。為什麼呢？因為上師是一切三世諸佛的本質。

首先，就上師的身體而言是僧寶，就上師的語言而言是法寶，就上師的心意而言是佛寶，這是三寶；就上師的身體而言是上師，就上師的語言而言是本尊，就上師的心意而言是空行，這是三根本；就上師的身體而言是化身的性質，就上師的語言而言是報身的性質，就上師的心意而言是法身的性質，這是三身的性質。

換句話說，就三寶的總集而言是上師，就三根本的總集而言也是上師，就三身的總集而言也是上師。因此，若能好好實修上師相應法，透過這個實修必定可以得到無量的加持。而且就自己所要證悟的法性，萬法的實相而言，這種證悟不需要花力氣，不需要辛苦

勞累，在自己的內心裡就有很強大的力量，會產生這種證悟。

　　特別是，如果能夠好好實修上師相應法，在暫時的方面能夠消除所遇到的障礙，而且透過這個實修，自己也容易得到殊勝的成就，容易得到共通的成就，這些都很容易得到。

　　因此，密咒乘的教法裡都曾經開示：與其觀想十萬尊本尊，還不如剎那觀修上師，利益更加廣大；與其供養千尊佛，還不如供養我的上師一位，所得到的利益更加廣大。這說明了上師相應法的實修實在是非常非常重要。

དེ་ལྟར་སྟོན་དུ་འགྲོ་བའི་ཚོགས་བཞི་ཡིས། །ཁ་ནོར་ལས་དུ་སེམས་ཉིད་ཚུད་པ་དང་། །
如前以由四種前行法　　内心入於無誤道之中

ཐར་ལམ་མཆོག་ཉེན་གནས་ལུགས་མྱུར་དུ་སྐྱེ། །དགོས་གཞི་འཕྲོངས་སྣ་བར་ཆད་མེད་པ་དང་། །
達勝解道速生出實相　　輕易熟練正行無障礙

དགོས་གྲུབ་ཉེ་སོགས་ཡོན་ཏན་ཚད་མེད་ཐུས། །དེ་ཕྱིར་སྟོན་འགྲོ་འཕྲོངས་པ་ཤིན་ཏུ་གཅེས། །
近成就等具無量功德　　彼故熟練前行最重視

　　從前面談到的總體內道佛教要做的前行，是無常的觀修；其次，大乘本身應當要做的前行，也就是個別的前行，是悲心的觀修、菩提心的觀修；加上密咒乘門殊勝的前行，生起次第和圓滿次第的觀修；再加上甚深道大圓滿的前行，上師瑜伽的觀修，這是四種前行法。

　　這四種前行法必須根據經典裡的經文，儀軌裡的說明，還有上師的開示，正確無誤地修持。如果能這樣做到，這個人就純正地進

入了內道的實修之中，純正地進入了大乘的實修之中，而且純正地進入了密咒乘門的實修之中，純正地進入了大圓滿的實修之中，靠著四種前行都可以達成這些實修。

因此，趨入這四種前行的實修非常重要，如果好好做了這四種前行，可以說已經到達了殊勝的解脫道。而且，如果能夠好好靠著四種前行的口訣修心，自己在實修時，也不需要花很久的時間，很快地，內心就能夠證悟萬法的實相。

之後，因為在前面的階段已經把前行法實修得非常好了，進入正行法時，實修起來也輕而易舉，不會太困難，也不會遇到障礙。就算是在實修正行法時，產生障礙了，也不會被障礙打倒，還能夠反過來打倒障礙。這是前行法的實修基礎做得好的功效。

一般來講，台灣的內道弟子實修教法時，特別是密咒乘的行者實修教法時，有些人稍微遇到一點點外緣的挫折，很容易就放棄佛法了。最主要的原因就是沒有做好前面四種前行法的基礎。

一個實修者，如果沒有做好四種前行法的基礎，在實修上很容易招來障礙，障礙來了很容易被打倒，而沒有辦法把障礙打倒。這些最主要都是因為前行法基礎不夠，因為沒有好好實修前行法所形成的弊端。

因此，假設對於這四種前行法廣大地做聞思修，特別在聽聞的階段廣大聽聞，對於內道佛法有什麼優點，就能夠有很深入的了解。在這種對內道的功德殊勝處有深入了解的情況下，將來就算遇到挫折障礙，也不可能發生對內道佛法信心退轉、完全放棄的情形。

　　如果把前行法修得非常好，其實已經非常靠近成就了，所以要得到成就不會太困難。而且如果前行法修得好，在我們的內心，將來很容易得到無量無邊的功德。

　　譬如一棟房子，假設地基蓋得非常廣大非常好，將來上面可以蓋高樓大廈，把這麼多的樓層賣掉後，可以發大財，賺到很多錢。而且高樓大廈非常寬敞，住起來心胸開闊，地基又牢靠，住起來非常安穩。

　　相反地，假設地方非常狹窄，地基又沒蓋好，在這個地基上當然無法蓋很多樓層，因為地震時很容易發生危險。而且因為地基不好，不管蓋的樓層有多少，住起來會非常害怕，擔心房子隨時可能倒塌。

　　所以，就內道佛教而言，前行法特別重要，這點一定要了解。

　　但是我們現在台灣的弟子，把前行法實修完畢的人可說是鳳毛麟角，少得不得了。不是台灣弟子對佛法沒信心、不重視、不精進，是因為台灣的局勢變化快速，大家非常忙碌，這是原因之一，因此，沒辦法很純正地實修前行法。

　　如果一位上師非常重視純正的實修，要求弟子按照純正的方式，確實地實修前行法，告訴弟子：「頂禮要做十萬遍，發菩提心也要做十萬遍，百字明咒也要唸十萬遍，獻曼達也要做十萬遍，上師相應法尤其特別，要做一百二十萬遍。」上師這樣開示後，弟子馬上不喜歡這位上師，認為這個上師找麻煩，心想：「我們怎麼可能做這種實修呢？這位上師根本就沒有慈悲心嘛！」

　　如果上師說：「頂禮做一萬遍就可以了，發菩提心做一萬遍就

可以了，百字明咒唸一萬遍就可以了，獻曼達也做一萬遍就可以了，上師相應法也做一萬遍就可以了。」如果上師這樣開示，弟子馬上豎起拇指、雙手合掌：「哇！這位上師實在是非常殊勝非常好！」就對上師非常有信心，認為上師非常有慈悲心，百般讚嘆，非常喜歡這位上師。

實際上，後者不能算是一個純正的道路，所以一定要了解，前行法的實修非常重要，尤其是純正的實修方式更是重要。

正行的次第

དངོས་གཞིའི་རྣམ་པའང་བདེ་གསལ་མི་རྟོག་པའི། །ཁསམ་གཏན་ཐབས་ལས་གནས་ལུགས་དོ་སྟོད་དེ། །

正行亦有樂明無妄念　靜慮方便直指實相也

འོད་གསལ་སྤྲོས་དང་བྲལ་བའི་ཡེ་ཤེས་ནི། །གཉུག་མ་ལྷན་ཅིག་སྐྱེས་པ་འཆར་བ་ཡིན། །

光明已離戲論之本智　本然而俱生者即出現

དང་པོ་བདེ་ཆེན་ཐབས་ལ་དོ་སྟོད་པ། །དེ་ཡང་སྔོན་འགྲོ་ལྟར་བཞིན་བསྒོམས་པའི་རྗེས། །

首先直指大樂方便矣　彼亦如前觀修前行後

前面關於前行法的理論已經講解完畢，接著是正行法的觀修方式。

正行法的觀修方式之中，要談到安止的觀修方式。如果產生安止了，在我們內心裡會產生暫時的功德，也就是有許多的覺受會產生，這些覺受主要有三項：樂、明、無妄念，也就是安樂的覺受、明晰的覺受、無妄念的覺受。這三種覺受的類型屬於暫時的功德，是自己暫時的體驗。

一、安樂的覺受的禪修方式

想要得到這些暫時的功德，要先解釋說明實修的方式。首先，如何產生安樂這個覺受呢？這部分要做直接的指示。

在很多的佛教聖典裡都曾經開示過，我們的內心實相，本質為空，自性為明，超越了內心所思維的一切戲論，並不需要依靠因緣結合而形成，而且一切的功德都是自成圓滿而齊備，絲毫也沒有遺漏，這是內心實相的本智。

這個內心實相的本智，如果我們要透過純正的實修，在自己的內心出現，首先一定要有一個很好的安止，也就是安止的實修要做得非常好。假設沒有做好安止的實修，內心實相的本質要在內心出現，那是一點也不可能的。

譬如點了一盞油燈，這盞油燈的四面八方都有風不斷在吹，那這盞油燈如何照亮四周呢？根本不可能！因為四周都有風在吹，油燈立刻就滅掉了。

一樣的道理，一切眾生的內心本來都有佛功德、佛的本智，這全都安住在內心之中，本來就有；但是無始輪迴以來，內心有很多的煩惱，這些煩惱就像四面八方的狂風，不斷進行干擾，因此內心實相的本智沒辦法出現。所以首先要把這些四面八方的風停掉，讓四周沒有絲毫的風，也就是先把內心煩惱的干擾全部停掉。而要達成這部分，必須靠一個很好的安止，所以安止的實修要做得非常好。

在安止的實修當中，如何產生暫時的功德，如何產生安樂方面的覺受呢？接著要做一個指示。

　　要得到安止的暫時功德、產生安樂的覺受，首先要把前面的四種前行法都實修得非常好，之後再實修安止，安止的功德就很容易產生。假設前面的前行法沒有好好純正地觀修，內心根本就不可能得到正式的安止，原因前面已經講解過了。

　　譬如小孩到學校讀書，考試若要考得好，上課認真聽講和自己的自修都非常重要。如果上課不認真，也沒有好好自修，那麼想要考得好，大概非常困難。老師上課後告訴學生：「回家要花兩小時好好複習今天教的內容。」回家後，父母問小孩：「今天老師教了什麼？」小孩就講了，最後說老師規定回家要複習兩小時，爸爸媽媽就說：「不用兩小時，半小時就可以了吧！」這時小孩心裡會怎麼想呢？會想：「爸爸媽媽實在非常好，絲毫沒有給我壓力；老師實在不好，給我太大壓力啦！」因為小孩年幼無知，想法一定是這樣。我們想一想，老師說要複習兩小時，小孩只複習半小時，將來考試怎麼會考得好呢？

　　一樣的道理，上師說前行法每個項目都要修十萬遍，弟子就會想：「哇！這位上師造成我很大的壓力，這位上師不太好！」若是上師說每個前行法只要修一萬遍，弟子就會想：「喔！這位上師實在非常好，非常慈悲，我對這位上師非常有信心！」如果這樣去實修，能不能成為純正的實修呢？基礎能不能打得好呢？就像前面小孩的例子一樣，是不可能修得非常好的。

འཁོར་ལོ་བཞི་དབུས་རྩ་གསུམ་ཀ་བའི་ཚུལ། །གཡས་དཀར་གཡོན་དམར་དབུས་མཐིང་སྦུབས་མ་ཅན། །

四輪核心三脈柱子般　右白左紅中藍為管狀

ཡར་སྣ་ཚངས་བུག་མར་སྣ་གསང་གནས་ཏེ། །ལྟེ་བའི་ཐད་དུང་དབུ་མའི་ནང་ལ་ལས། །
上端梵穴下端密處也 臍輪正中中脈內阿字

མེ་འབར་སྤྱི་བོའི་ཧ་ལས་བདུད་རྩི་བབ། །འཁོར་ལོ་བཞི་དང་ལུས་ནང་ཀུན་གང་སྟེ། །
火燃頂輪杭字流甘露 遍滿四輪以及身體內

　　禪修的時候要在內心產生安止的安樂功德，它的實修方式怎樣進行呢？這裡談到的是安樂的覺受產生的方式。

　　首先具足毗盧七支坐法，坐好後，觀想三脈四輪，好好地觀想三脈四輪裡的情況。

　　四輪指頂輪大樂輪、喉嚨受用輪、心間法輪和臍輪變化輪。四輪中，頂輪大樂輪有 32 個脈瓣，像撐開傘時，傘裡有一條一條的傘幅，傘幅向下覆蓋；喉嚨受用輪有 16 個脈瓣，像傘幅向上；心間法輪有 8 個脈瓣，像傘幅向下覆蓋；臍輪變化輪有 64 個脈瓣，像傘幅向上。

　　在四個脈輪的正中間有一個中脈，中脈的右邊是精脈，白色，左邊是血脈，紅色，這是就男生而言；如果是女生，中脈的左邊是精脈，白色，右邊是血脈，紅色。

　　我們在修頗瓦法時，談到中脈是從臍輪開始一直到頂輪梵穴；現在這個段落所觀想的方式，中脈是從密輪開始一直到頂輪梵穴，這是有差別的，情況並不一樣。

　　其次，在心滴教法裡，中脈要具足四個特色。代表法身恆常不變之故，中脈是藍色；代表沒有沾染到習氣的蓋障之故，中脈像花瓣一樣非常薄，一點都不粗糙；代表沒有絲毫無明的黑暗之故，中

脈本身是發光體，是完全清澈的光，一點雜質都沒有；代表不會墮入低劣的邪道之故，中脈非常端正非常直。中脈要具足這四個條件，這是在心滴開示中的解釋說明。

在天法裡，中脈也是具足四個特色。首先，它的自性本然即是大樂，因此外面是白色，而且明分的功德不會遮滅掉，因此內在是紅色，外白內紅。第二，中脈本身屬於菩提心的性質之故，很直很端正，中間不會彎彎曲曲，代表它就是菩提心。第三，三惡道的門是關閉的，不會墮入三惡道，因此中脈在臍輪這個地方是關閉的，沒有開口。第四，向上會通達解脫道，到達解脫道之故，因此中脈上端是打開的。中脈要具足這四個條件，這是天法所開示的。

因此，就中脈而言，天法有它所開示的內容，心滴教法也有它所開示的內容，其中的功德條件都不一樣。

我們現在實修的是屬於心滴的教法，因此要根據心滴的解釋來觀修中脈的四個條件，也就是中脈是由密輪向上通到頂輪梵穴，三脈四輪的情況都要按照心滴的教法做觀想。

這樣觀想完畢之後，接著觀想在中脈臍輪的位置裡有一個紅色的ཨ阿字，是本智的熊熊烈火；之後觀想頂輪有一個白色ཧྃ杭字，是顛倒過來的，屬於甘露的性質。這個部分和龍欽巴尊者在《修心七義》談到的內容非常類似，《天法遷識法》最後面的緣想次第差不多也都是這樣。之後本智烈火的溫暖之氣通到上端頂輪的ཧྃ杭字，ཧྃ杭字受到熱氣的影響，逐漸滴下白色的甘露。

白色的甘露一滴一滴地滴下來。首先，頂輪大樂輪 32 個脈瓣全部充滿白色的甘露後，再慢慢往下滴到喉嚨受用輪；喉嚨受用輪

16 個脈瓣全部充滿白色的甘露後，再慢慢往下滴到心間法輪；心間法輪 8 個脈瓣全部充滿甘露後，再慢慢往下滴到臍輪變化輪；臍輪變化輪 64 個脈瓣全部充滿了甘露，也就是中脈四輪的所有脈瓣全部都充滿了甘露滴；不僅如此，逐漸地，自己身體裡全部都充滿白色的甘露。要這樣觀想。

བདེ་བས་ཁྱབ་དུས་སྙིང་གར་ནི་ཡིག་ལ། །ཀུ་གི་བདུད་རྩི་རྒྱུན་ཆད་མེད་པར་འབབ། །

安樂遍時心間有邦字　杭字甘露持續不斷流

བདེ་བའི་ཉམས་ནི་མ་སྐྱེས་བར་དུ་བསྒོམ། །

觀修直至生出樂覺受

　　按照前面的觀修方式，堅定地觀想，之後要觀想甘露充滿全身。當甘露充滿全身的時候，內心應當感覺到安樂，這個安樂是以前從來沒有體驗到的，和自己以前所體驗過的快樂完全不一樣。

　　譬如舒舒服服睡一個覺，睡醒時非常快樂；心情非常好時微笑，內心非常快樂；看電影或看電視看到哈哈大笑，非常快樂；吃到自己喜歡的美食、喝到自己喜歡的飲料、穿到美麗的衣服，覺得非常快樂……但那些都不是現在所產生的快樂。

　　這個時候，分析這個快樂從何而來呢？它是以前我體驗過的快樂嗎？不是。它是新產生的快樂嗎？也不是。那到底它是什麼樣的快樂呢？和我以前所體驗到的吃喝玩樂的快樂完全不一樣。這種快樂是內心實相之中本來就已經存在的快樂，是不可言說、遠離戲論的快樂！

　　透過觀想，逐漸地這種安樂遍及自己全身。這樣觀想後，慢慢地要觀想心坎中間的一個青色ཟ邦字，一心專注在這個字上面；同時頂輪大樂輪的ཧ杭字，仍然持續流下甘露，安樂的覺受仍然遍及全身，保持這樣專注觀想。在觀想中，逐漸地內心一念不生，沒有耽著的想法，沒有執著的想法，任何妄念都沒有。逐漸地，安樂的覺受自然地產生，自然地遍及全身。在安樂的覺受沒有產生、沒有周遍全身之前，都要很堅定地安住在緣想的內容上，再三反覆觀修。

དེ་ནས་པ་ཡང་རྗེ་ཆུང་རྗེ་ཕྲ་ལས། །དམིགས་བསམ་སྤྲོས་དང་བྲལ་བའི་དང་དུ་གཞག །

其次邦亦漸小漸細後　　置於已離緣思戲論狀

ཐབས་དེས་སེམས་ཟིན་བདེ་བས་ཞི་གནས་སྐྱེ། །

彼方攝心由樂生安止

　　隨後青色ཟ邦字越來越細小，安住在遠離緣想、思維和戲論的狀態之中。按照這個方式繫念，就會由這個安樂產生安止，之後內心完全不能夠思維，實際上它是超越內心，好像虛空一樣。這種情況一定會出現，這是光明樂空的大圓滿，清澈而且不可思議的法性。

དེ་ནས་གང་ཡང་བརྗོད་ལས་འདས་པའི་སེམས། །བློ་བྲལ་ནས་མཁའ་འདྲ་བའི་དང་ཉིད་འཆར། །

其次心越任何之言詮　　離心如同虛空狀出現

དེ་ནི་འོད་གསལ་བདེ་སྟོང་རྫོགས་པ་ཆེ། །དྭངས་ཤིང་བསམ་གྱིས་མི་ཁྱབ་ཆོས་ཉིད་ཡིན། །

彼即光明樂空大圓滿　　即是清澈難思議法性

這裡要講的是收攝次第。收攝次第是這一座要結束時，前面所觀想的甘露滴落的情況，還有四輪三脈的情形，這些都要逐漸地收攝。ཧྃ杭字、ཨ阿字等都要逐漸收攝，最後一心專注在青色ཧྃ邦字上，專一安住一會兒後，ཧྃ邦字逐漸縮小，之後消散得無影無蹤。這時候安住在無所緣取的狀態之中，一念不生，沒有任何的耽著、執著，遠離一切戲論，沒有任何妄念。在無所緣取之中靜坐片刻，之後迴向，下座。這是收攝次第。

這裡談到的是最初的段落，安止的觀修方式的功效。如果把我們前面談到的前行法，還有安樂的安止的正行法，再三觀修，內心一定會產生安止，而且是屬於安樂的安止。

可是所產生的這個安樂，沒辦法言語說明，它是遠離戲論的。因為感受到這個安樂時，說不出來這個安樂是什麼樣的性質，和以前的經驗完全不能夠相互比較；這個安樂從何而來，也沒有辦法說明。這個安樂的覺受自己一定感覺得到，可是沒有辦法解釋說明，這個安樂超越了我們內心的思維。

譬如我們都會說天空，但是如果問：天空是什麼？分析一下天空有沒有顏色，有沒有形狀，手指頭指不出來，所以它是遠離一切戲論。因此在得到了安止之後，一定會有安樂的覺受，而且也體驗到了，可是如果要解釋說明，又說不出口。這個時候的安樂是屬於樂明雙運，是屬於樂空雙運，這是大圓滿的功德，這是法性，在內心出現了萬法實相的功德。

དེ་ཉིད་གོམས་ལས་ཉམས་ཀྱང་རྣམ་པ་བཞི། །གང་སྣང་ཐམས་ཅད་བདེ་བར་འཆར་བ་དང་། །

串習彼後覺受亦有四　一切所顯出現爲安樂

ཉིན་མཚན་བདེ་བའི་ངང་ལས་འབྲལ་མི་ཕོད། །ཆགས་སྡང་ལ་སོགས་ཟུག་རྔུས་རྒྱུད་མི་འཁྲུགས། །

晝夜未敢離開安樂狀　貪瞋等等刺痛未擾心

　　這四句講的是把前面所談到的安止觀修方式，再三觀修，而且
持續做了長期的觀修，之後會產生四種覺受。

　　哪四種覺受呢？首先，凡是來來往往眼睛所看、耳朵所聽，所
接觸到的一切都會引發自己內心的安樂。

　　第二種覺受，所遇到的外緣、所看到的景象、所聽到的聲音，
根本不會發生導致自己身體和內心受到痛苦的情形。不管是白天或
晚上，自己都處在快樂的狀態中，都在安樂的狀態裡，不會遇到任
何痛苦。

　　特別是遇到一些對境導致我產生貪戀，遇到一些對境導致我產
生瞋恨，遇到一些對境導致我產生傲慢等，就算是這些五毒煩惱在
內心產生，也不能夠擾亂自己內心安樂的實修。對於自己內心所形
成的安樂的這個狀態，根本不會造成任何的障礙。這是第三種覺
受。

ཆོས་ཀྱི་ཚིག་དོན་རྟོགས་པའི་ཤེས་རབ་སྐྱེ། །དེ་ནས་ཡང་བསྒོམས་སྤྱན་དང་མངོན་ཤེས་སོགས། །

通達正法詞義生勝慧　其後再修眼與神通等

ཡོན་ཏན་དཔག་མེད་ཉི་མ་ཤེས་ལ་འཆར། །འདི་ནི་ཡང་ཟབ་གནད་ཀྱི་གདམས་པ་ཡིན། །

內心出現旭日無量德　此即更深關鍵之教誡

　　如果按照前面所談到的安樂的安止實修的口訣，再三觀修，順著這個方式很正確、很純正地觀修，而且持續不斷地觀修，那麼，針對佛陀開示的很多法，菩薩解釋的很多法，這些法自己以前都聽不懂的，看了都不了解的，沒有辦法了悟的，將來會很容易了悟。這種對於法義了悟的殊勝的勝慧一定會在內心出現。這是第四種覺受。

　　譬如西藏的例子，至尊密勒日巴根本沒有讀過佛學的書籍，可是因為他證悟了內心的實相，因此對於佛法詞句的意義立刻就能夠了悟，而且是圓滿無礙地了悟。

　　同樣的道理，寧瑪派祖師爺吉美林巴，沒有讀過佛學院，沒有讀過佛法書，可是因為他證悟了內心的實相，他能夠寫下《功德寶藏》等大圓滿教法，都是深奧得不得了的書，他寫了很多。

　　在中國也是這樣，禪宗第六代祖師慧能大師從來沒讀過書，沒上過學，一個字都不認識，可是從他所開示的佛法內容，特別是對於佛陀所開示的經文的解釋，表示他所得到的證悟不可思議，無法想像。由於內心有這麼高深的證悟，所以對於法義有所了悟的殊勝智慧，就可以在內心產生這種功德。

　　除此之外，如果再三實修，繼續精進努力，也會產生天眼通、天耳通、宿命通，各種神通逐漸產生，將來得到無量無邊的功德。

　　為什麼會得到無邊的功德呢？譬如天空太陽只有一個，但太陽出來時，地球上各個國家、各個地方、各個房間的黑暗全部消除。太陽只有一個，卻可以消滅一切的黑暗。一樣的道理，如果自己內心實相的本智呈現出來時，內心各種各類的愚癡、無明黑暗的部分，全部都能夠消滅。

　　所以這種安止的觀修方式是屬於大圓滿甚深的口訣，裡面有甚深的關鍵重點，這是大遍智龍欽巴尊者對於自己心愛的弟子們特別傳授的教誡。因此，學法的弟子，對這個教法要特別重視，特別珍惜。

　　今天課程就講述到此。今年上課教導得比較慢，要慢慢地傳授。以後計畫上課前後，要把所教導過的內容，好好地做禪修。這種安排的目的何在呢？因為有所擔心，我很認真教導這些實修內容，大家也非常重視這個教法，千里迢迢來聽聞教法，但聽完後，很可能連一次上座的實修也沒做，把這個教法疏忽了、丟掉了，有可能發生這種危險，所以我有這種擔心。如果大家能一邊聽聞教法一邊也正式禪修，就會非常好，就會逐漸進步。所以我們安排從下次開始，要把所教的內容好好地做實修。

二、明晰的覺受的禪修方式

　　正行階段的實修是觀修安止，觀修安止時有三種方法：樂、明、無妄念，其中經由安樂方面修安止，已經講解完畢。接著講第二項，從明晰方面觀修安止的方法是什麼。

གཞིས་པ་གསལ་བའི་ཐབས་ཀྱི་ངོ་སྤྲོད་པ། ཁྱིན་འགྲོ་ལྟར་བཞིན་རྩ་གསུམ་གསལ་བཏབ་པའི། །
第二明晰方便之直指　　如前前行明現出三脈

རོ་ཁྱང་ཀུནྡ་དབུ་མར་འདྲག་པའི་ཆུལ། །མར་སྣར་བསྐྱམས་ལ་ཡར་སྣར་སྲུ་བྱག་གཏད། །
血精彎曲刺入於中脈　　觀想下端上端朝鼻孔

རྲུང་རོ་གསུམ་ཕྲུད་ནད་གདོན་ཐྱིག་སྲིབ་སོང་། །དལ་བུས་ཆུར་ཧྲུངས་བཅུན་གཡོའི་འཇིག་ཏེན་ཀུན། །
三呼濁氣去病邪罪障　　緩緩吸氣動靜諸世間

 འོད་ཞུ་རླུ་ནས་ཆུར་བྱུད་རོ་རྐྱང་ནས། །དབུ་མའི་ནང་བྱུང་སྙིང་དབུས་ཚོན་གང་འོད། །

化光由鼻吸入經血精　　入於中脈心間吋光圍

གོང་བུ་ལ་ཐིམ་ཐུབ་ཐང་བར་དུ་གཟུང་། །སྟེང་འོག་ཁ་སྦྱོར་གཏོང་དུས་ཆུང་ཟད་གཟུང་། །

融入光圍攝氣至己能　　上下相合呼時略攝持

　　前面談到透過安樂的方法修安止，那時要觀想三脈，其中左右脈男女不同。偈頌中的「血精」，「血」是血脈，「精」是精脈，血脈是紅色，精脈是白色，男生要觀想右邊是精脈左邊是血脈，女生要觀想右邊是血脈左邊是精脈，中間是中脈。三脈之中，中脈底端是密輪，向上則通到頂輪梵穴，血脈和精脈則是在肚臍以下的位置一直通向上，要通到鼻孔。這裡也要如同前面一樣做三脈的觀想。

　　這樣觀想之後，呼九節濁氣，這裡談到「三呼濁氣去病邪罪障」，三呼濁氣一般是指九節濁氣。

　　三呼濁氣的方式，首先，兩手持金剛拳印❷，左拳置左大腿與髖骨間，右拳伸小指以食指壓住右鼻孔，用左鼻孔呼三口氣；接著，右拳置右大腿與髖骨間，左拳伸小指以食指壓住左鼻孔，用右鼻孔呼三口氣；之後兩拳各伸小指與食指交叉於胸前，兩個鼻孔同時呼三口氣，所以，共呼九節濁氣。

　　呼九節濁氣的時候，不僅僅只是把氣呼出去，還要思維我們的內心無量無邊的煩惱，可以歸納成貪戀、瞋恚和愚癡三毒的煩惱，

---

❷金剛拳印係先以大指拇抵住無名指的根部，然後四指彎曲握拳。

不僅是三毒的煩惱，還有我們自己的身口心三門也有很多罪障，總而言之，所有的煩惱和罪障全部都混在氣中，一起排出身體之外，要這樣觀想。

九節濁氣的觀修方式和我們做〈嗡阿吽〉實修的觀想方式相同。不僅如此，在大遍智龍欽巴尊者開示的《修心七義》裡，呼濁氣的觀修方式也一樣，並沒有差別。

九節濁氣呼完後，慢慢把氣吸進來，要怎麼做呢？這和龍欽巴尊者在《修心七義》裡談到的第二項非常類似。「緩緩吸氣動靜諸世間」，動是有情生命，靜是器物世界，當氣吸進來時，首先思維內在的有情生命、外在的器物世界，一切的情器世界全部都化成了光的性質，這個光從自己左右兩鼻孔吸進來，順著血脈和精脈，到達臍輪下端，之後進入中脈。

同時還要觀想自己心坎正中間有個一吋大小（約半個拇指大小）的光團，從左右二脈進來的光（或者是氣）進入中脈後要向上走，到達心坎中間的這個光團，融入光團之中，之後一心專注在光團上，觀想這個光融入了裡面。這時候要壓上氣提下氣，上端的氣要往下壓，下端的氣要收束，修上下相合氣（即寶瓶氣），這要在閉氣不呼吸的情況下做觀想。「融入光團攝氣至己能，上下相合呼時略攝持」，閉氣時間的長短依自己能力而定，無論如何一定要在閉氣的情況下觀修。

དག་ཐབས་འབྱུང་ཁུངས་ཧ་ཅང་གཉེན་དུ་གཅེས། །གཞན་ཡང་བཅོམ་རྒྱལ་ལ་སོགས་ཡོན་ཏན་ཀུན། །

緩緩進行呼吸最重視　另又世尊等等諸功德

ཞིང་གར་ཐིམ་ལས་གཞན་དུ་མ་ཡེངས་བྱ། །
融入心間莫渙散他處

　　以前面所談的方式觀想實修，一開始，閉氣當然不可能閉很久，當氣不能夠再閉住時，慢慢呼出去，呼完之後再吸氣，也是慢慢吸進來。然後重複前面的觀想，觀想內在的有情生命和外在的器物世界，全部都融化成光，這個光被我的兩個鼻孔吸進來，之後通過了血脈和精脈到達臍輪，從臍輪位置進入中脈，然後慢慢往上到達心坎正中間的一吋光團，融入了一吋光團中。觀想時要閉氣，修上下相合氣（寶瓶氣），閉氣到沒辦法時再慢慢呼出去，然後又慢慢吸進來，如此反覆觀修。

　　前面講的是內外情器世界，屬於輪迴的法，有時候這樣觀想，但有時候要觀想涅槃的法。諸佛的淨土，還有安住在淨土之中的諸佛菩薩，他們全部都化成了光，和前面一樣，是光的本質所形成的氣，順著兩個鼻孔吸進來，通過血脈、精脈到達臍輪位置，在臍輪的地方進入中脈，從中脈向上，之後到心坎中間一吋大小的光團，融入光團之中。這時候要產生勝解，完全相信，諸佛菩薩的身語意無量無邊功德全部都融入了光團之中。

　　輪流以這兩種方式觀想：輪迴的一切祥瑞善好功德全部都已經吸進來，融入了心坎中間的一吋光團之中；涅槃方面的一切祥瑞善好功德，也全部都吸進來，融入了心坎中間的一吋光團之中。然後閉氣修寶瓶氣，看自己能夠閉氣多久就持續閉氣多久，沒氣時再慢慢呼出去，然後再慢慢吸進來。如此反覆觀修。

ཐབས་དེས་སེམས་གསལ་དྭངས་ལ་གནས་པ་འབྱུང་། །དེ་རྗེས་སྙིང་གའི་འོད་ལས་འོད་མཆེད་དེ། །

彼方心明且住於清澈　　其後心間光更增強已

ཡུས་ནང་འཁོར་ལོ་བཞི་ནང་འབར་བ་ལས། །ཕྱིར་མཆེད་འཇིག་རྟེན་འོད་ཀྱིས་གང་བར་བསྒོམ། །

身內四輪之內熾燃後　　照外觀想毫光滿世間

　　按照這個方式修安止，逐漸實修之後，自己的內心一定會和以前不一樣，會變得非常明晰。內心變得非常明亮，以前不了解的部分現在了解了，不明白的部分現在明白了，遠處的部分好像也能夠看得清楚，連牆上的圖畫顏色等細微部分，也能夠很清晰地分辨清楚，這種內心非常明晰的覺受逐漸產生。

　　不僅只有明晰的覺受出現，而且再持續實修，內心還會「無念」。無念的意思就是沒有念頭，內心還能夠專一安住，也可以達到這個程度。

　　然後，觀想心坎中間的一時光團慢慢擴大，最後整個中脈都充滿了五色祥光，白色、黃色、紅色、綠色、藍色，這五種佛智、五種本智的祥光充滿整個中脈。再慢慢擴充後，逐漸地血脈和精脈裡也充滿五色祥光。之後按照我們前面談到的安樂的安止觀修方式，觀想三脈四輪，頂輪有大樂輪，喉嚨有受用輪，心間有法輪，臍輪有變化輪，這五色祥光慢慢擴充到四個脈輪。

　　如何擴充呢？先觀想五色祥光慢慢充滿心間法輪 8 個脈瓣；之後慢慢擴充到臍輪變化輪，觀想變化輪 64 個細脈全部都充滿五色祥光；之後再慢慢擴充到喉嚨受用輪，16 個細脈全部充滿了五種顏色的五智祥光；慢慢再擴充到頂輪大樂輪 32 個脈瓣。直到四輪

都充滿了五色祥光之後，就要觀想自己整個身體全部都充滿了五色祥光，慢慢地屋子裡全部都充滿五色祥光，慢慢地屋子外面也充滿五色祥光，這個光再慢慢擴充，遍佈整個世界全部都是五種佛智的五色祥光。如此慢慢觀想。

這和〈嗡阿吽〉實修法第一階段的觀想一樣，嗡字白色的祥光充滿自己身體，慢慢充滿整個世界；阿字紅色的祥光慢慢充滿自己身體，慢慢充滿整個世界；吽字藍色的祥光慢慢充滿自己身體，慢慢充滿整個世界。二者的觀想完全一樣，差別只在於光的顏色不一樣，這裡講的是五色祥光，五種顏色代表五種佛智。

ཞག་འགར་ཉིན་མཚན་དེ་ཉིད་དོན་བསྒོམས་པས། །རྨི་ལམ་འགག་དང་འོད་ཀྱི་སྣང་བ་ནི། །
數日晝夜唯修彼者故　　夢境滅已毫光之光亮

ཟླ་བ་འབར་བ་མེ་འཁྱེར་སྐར་མ་སོགས། །འོད་ལྔའི་སྣང་བས་ཕྱི་ནང་ཁྱབ་པ་མཐོང་། །
明月熾然螢蟲星星般　　即見五光光亮遍外內

གསལ་བའི་ངང་དུ་སེམས་ཇེན་ཞི་གནས་སྐྱེ། །
明晰狀中攝心生安止

按照這個修安止的方法實修，如果齊備強烈的勝解、信心，而且非常精進，不需要經過長久的時間，有時候只需修幾天，就有許多徵兆出現。首先惡夢完全滅掉，不會做惡夢；然後慢慢有許多覺受出現，白色、黃色、紅色、綠色、藍色等五色祥光會在夢境中出現；或者有時候不是在夢境中，而是在黑夜中看到好像白雲旋繞，或者是看到好像月光照射下來。

　　或者有時候自己在屋裡，燈全部熄滅了，好像看到螢火蟲的光點，一閃一閃，或者看到白撲撲的煙跳動的樣子，或者是白色的雲朵旋繞的樣子；或者在真實情境之中看到一點一點的光團，這種覺受都會逐漸出現。

　　不僅如此，還會看到本尊、寂靜尊、忿怒尊、男的形相、女的形相，各種不同的形相。也會在夢境之中夢到五色祥光覆蓋自己的屋子，或是五色祥光遍佈整個世界，或者有時候不是夢，就清楚看到五色祥光覆蓋自己的屋子。

　　前面談過關於自己內心方面，透過好好修安止，會有暫時和究竟的功德，現在談到的是暫時的功德。暫時的功德就是內心會產生安樂、明晰和無妄念這三種覺受。若以這裡所講的修安止的方法實修，所產生的暫時的功德最主要是明晰的覺受，力量會非常強大。不只如此，內心還能夠無妄念，還能夠達到專一的安住。如果內心能夠無妄念專一安住，內心就逐漸能夠自主，之後這個專一安住的安止也會產生。

དེ་ནས་སླར་བཟུང་སྟེང་གའི་འོད་དེ་ཡང་། །ཇེ་ཆུང་ཇེ་ཕྲར་སྟོང་ཉིད་ངང་ལ་གཞག །
其後復攝心間彼光亦　　漸小漸細置於空性狀

གང་དུའང་མི་དམིགས་སྟོང་གསལ་དྭངས་པའི་སེམས། །རང་བཞིན་སྤྲོས་པའི་མཐའ་དང་བྲལ་བ་འཆར། །
任未緣取空明清徹心　　自性已離戲論邊即現

དེ་ནི་གསལ་སྟོང་གཉུག་མའི་ཡེ་ཤེས་ཏེ། །རང་བཞིན་རྫོགས་པ་ཆེན་པོའི་གནས་ལུགས་ཡིན། །
彼即明空本然本智也　　即是自性大圓滿實相

　　前面觀想五色本智祥光遍佈整個世界，觀想完畢後，這遍佈世界的五色祥光的氣要收攝回來。收攝時，觀想遍佈整個世界的五種佛智的五色祥光，全部融入自己身體中，和剛開始觀想時一樣，身體裡全部都是五色祥光。

　　之後觀想身體上半身的五色祥光，首先逐漸融入頂輪，頂輪的五色祥光逐漸融入喉輪，喉輪的五色祥光逐漸融入心坎的五色祥光。觀想身體下半身的五色祥光逐漸融入密輪，密輪的五色祥光慢慢融入心坎的五色祥光。

　　最後，上半身的五色祥光和下半身的五色祥光，全部都聚集在心坎中間，最後全部都融入心坎中間的一吋光團之中。一心專注緣取這個一吋光團，慢慢觀想這個一吋的光團，逐漸縮小，到最後非常微細，然後消散得無影無蹤。

　　因為消散得無影無蹤，所以我執著的對境不存在，我耽著的對境不存在，我緣取的對境不存在，一切都不存在。因此，內心不會產生執著，不會產生耽著，不會緣取任何一個對境，因為根本沒有對境。這時候無所緣取的空性就會出現，要安住在無所緣取的空性之中，靜坐片刻。

　　等置在無所緣取的空性之中時，想一想，仔細分析，外面一切的萬法，好的法或是壞的法，任何的法，實際上它都不能夠成立；但是就算任何的法它不能夠成立，法的形相仍然不會遮滅，仍然是要出現的，所以一切法都是顯空雙運。這時候，內心顯空雙運的見地就會出現。

　　以這個顯空雙運的見地去分析萬法，是有邊嗎？是無邊嗎？是

二有邊嗎？是二無邊嗎？有邊的本質也不能夠成立，無邊的本質也不能夠成立，二有邊的本質也不能夠成立，二無邊的本質也不能夠成立。就所顯的部分不會遮滅，都要出現，這是明分。但是不會遮滅而出現的這些所顯分，它的本質本來就不能夠成立，所以它本然不能夠成立的這個部分是空分，是空性，是實相。這種本智在內心就會產生，而在內心所出現的這個本智，就是大圓滿的見地，就是大圓滿的實相。

《心經》談到：色法本身就是空性，空性本身就是色法，離開空性之外沒有色法，離開色法之外也沒有空性，也就是「色即是空，空即是色，色不異於空，空不異於色。」這是《心經》裡的句子。

但是就一個剛開始實修的初學者而言，他會這樣想：「假設我證悟萬法都是空性，因為是空性之故，所以一切所顯的景象應該全部都遮滅掉才對。」或者這樣想：「如果我看到一切所顯景象都出現，那就表示我根本就沒有證悟空性，不然為什麼一切所顯景象都會出現，我都會看到呢？喔！原來我沒有證悟空性。」

這種想法就表示顯分世俗諦和空分勝義諦二者完全背道而馳。當顯分世俗諦的所顯景象出現的時候，對我而言，它出現時就表示我沒有證悟空性了；或者說我已經證悟了空分勝義諦的部分，實相的部分我證悟了，那就表示一切世俗諦的所顯全部都要遮滅掉。初機實修者的想法以為是這個樣子，但實際上不是。

了悟世俗諦所顯時，這個了悟根本就不會妨礙我們證悟空分勝義諦；證悟空分勝義諦時，這個證悟本身也不會妨礙我們了知、證悟不滅的這個顯分的世俗諦。因此，才能夠稱為「顯空雙運」。因

為是顯空雙運，所以離開顯分之外就沒有空分，離開空分之外就不會有顯分。這是佛陀在中轉法輪裡特別開示的，在後轉法輪裡也曾經開示過。

佛陀在中轉、後轉法輪所開示的空性，其實就是大圓滿的見地，也就是這一個顯空雙運。因此，離開顯空雙運的見地之外，根本不可能有大圓滿的見地，換句話說，大圓滿的見地不會離開顯空雙運的見地之外。

今天的講解就到此告一段落，接著要稍微做實修。一般談完修安止的方式，了解之後，專門修安止這個部分三年、五年，這種實修者的事蹟很多。如果以這種專業而做實修，在內心產生好的安止的功德，將來一定會產生勝觀的功德；如果在內心產生了勝觀的功德，透過勝觀功德的威力，就能逐漸斷除一切煩惱；假設能斷除煩惱，內心實相的功德就會出現，也就是佛三身、五智、五身的功德，都能夠出現。

不過，現在的情況是許多弟子沒有聽聞教法，不知道教法，不了解實修的方法，因此沒有辦法實修。其次，有的是聽聞之後，了解了實修的方法，但也許沒有時間，也許不重視，所以實修停滯不前。

我們中心已經教導過《大圓滿如幻休息論》❸，可能有些弟子也依其內容做了實修，我對大家也有這樣的期望。而現在所進行的段落是《大圓滿禪定休息論》，整個內容歸納起來就是安樂的功德

❸ 於 2016 年由橡樹林出版。

如何產生，禪修的方法是什麼？明晰的功德如何產生，禪修的方法是什麼？無妄念的功德如何產生，禪修的方法是什麼？也期望大家聽聞後能如理實修。

可能有些弟子聽完《大圓滿禪定休息論》後會說：「這個教法我已經學過了。」其實他可能連五分鐘的實修都沒有，只是聽過教法而已，完全沒做實修。所以，我們現在是也要做教導，也要做實修，對這個部分要非常重視，因為實修非常非常重要。

現在我們就按照這個方式進行。

實修練習 I

首先把應當要怎麼做，針對要點再做特別說明。

實修的方式，可歸納成前行和正行兩大項。前行要先觀修壽命無常、輪迴是苦，透過這兩種觀修，能夠將我們對眼前輪迴世俗法的貪戀執著滅掉。貪戀執著滅掉的徵兆是什麼呢？內心會產生我這一輩子要成就佛果、我下一輩子要投生淨土這種堅定的想法，這是成效。這是總體的前行，觀修壽命無常和輪迴是苦。

再來是個別的前行，進一步想一想，我自己一個人離開輪迴得到解脫、我自己一個人得到佛果、我自己一個人投生淨土，這是不應該的，因為遍滿虛空的一切眾生都曾經是我的父母、我的兄弟姊妹，和我沒有任何親屬關係的眾生根本不可能存在，那就有必要對一切眾生觀修悲心、觀修菩提心，這是大乘的根本之處。所以要按照大乘的基本精神，對

眾生觀修悲心、觀修菩提心。

　　總體的前行和個別的前行都做得非常好之後，在這個基礎之下才能夠進入密咒乘門的教法而做實修。進入密咒乘門的教法實修時，要先得到密咒乘入門的「灌頂」，之後，才逐漸得到密咒乘的教法，觀修生起次第、圓滿次第。透過觀修生起次第和圓滿次第達到了功效，就是去除了凡庸的所顯、凡庸的耽著。輪迴的萬事萬物都是凡庸的，清淨不清淨、快樂不快樂等凡庸的所顯和耽著，都能夠去除。這是屬於特別的前行，接著才進入殊勝的前行。

　　殊勝的前行要觀想三世一切諸佛凝聚所形成的本質就是自己的根本上師。自己的上師如何是三世一切諸佛的總集呢？道理何在呢？因為上師的身體是僧寶，上師的語言是法寶，上師的心意是佛寶，所以上師是三寶的總集，上師是三寶的自性，三寶也是不離開上師之外的。

　　其次，上師的身體是化身的性質，上師的語言是報身的性質，上師的心意是法身的性質，因此三身也不離開上師，上師也是三身的總集。

　　其次，上師的身體就是上師，上師的語言是本尊，上師的心意是空行，因此上師是三根本總集的性質，三根本也不離開上師之外。

　　好好地做這樣的思維，直到堅決確定產生定解，定解上師是一切皈依處的總集。如此好好地、專心地觀修上師相應法，這就是殊勝的前行。

　　一共四種前行，這四種前行是我們平日實修的內容，把這些基礎做好之後，才進入《大圓滿禪定休息論》不共的實修方式。

　　這不共的實修方式，歸納起來只有三項：如何產生安樂的功德，實修的方式是什麼？如何產生明晰的功德，實修的方式是什麼？如何產生無妄念的功德，實修的方式是什麼？

　　三種方式之中，安樂的功德如何產生，實修的方式是什麼呢？首先具足毗盧七支坐法，要認真坐。之後觀想自己的身體，不要觀想成是血、肉、骨、五臟六腑，應該觀想成身體裡空空洞洞什麼都沒有，內外清澈透明，從外面可以看到裡面，從裡面也可以看到外面，整個可以穿透過去。

　　接著觀想身體裡從密輪開始，一直到頂輪梵穴，中間有一個中脈存在，好好地觀想中脈。

　　中脈是什麼樣子呢？中脈要具足四個特色，可是這在心滴教法和天法裡說法不一樣，我們現在所做的禪修是屬於心滴法類，其中所談到的中脈的特色有四個。

　　第一個特色，中脈是藍色，代表法身恆常不變。

　　第二個特色，內心的實相本來就沒有煩惱障、所知障的汙垢，根本沒有沾染到任何汙垢，所以中脈非常薄，像花瓣一樣薄，完全不厚不粗糙，表示根本沒有沾染到兩種蓋障的汙垢。

　　第三個特色，內心的實相從最初一開始就沒有無明的

黑暗，因此中脈非常清澈，不是烏黑的，這是表示本然沒有沾染到無明的黑暗。

第四個特色，內心的實相本身就沒有低劣的道路、沒有顛倒的道路，因此中脈非常直，從密輪一直通到頂輪梵穴都是直的，中間不會歪曲扭轉，這是代表沒有低劣的道路，沒有顛倒的道路。

其次，觀想中脈的大小也有不同的說法。有的說和大拇指粗細差不多，有的說和無名指粗細差不多，兩種都可以，而中脈裡則要觀想空空洞洞什麼都沒有。

中脈上端是頂輪梵穴，中脈下端在哪裡也有不同說法。在《頗瓦遷識法》裡，談到從臍輪的位置開始一直通到頂輪梵穴；我們現在這裡是屬於心滴法類，是從密輪開始，向上一直通到頂輪梵穴。

以上是中脈的觀修方式，按照這個方式專心地觀想。

然後觀想身體的三脈，像並列在一起的三根柱子，全都是直的。三脈中間的中脈上面到頂輪梵穴後就打開了；而血脈和精脈到達頂輪梵穴後，再往前到達眉心，再向下通到左右兩個鼻孔。男生觀想右邊是精脈白色，左邊是血脈紅色；女生觀想右邊是血脈紅色，左邊是精脈白色。

至於中脈，有的教法說是深的藍色，有的教法說是比較淺的青色，其實，藍色、深藍色或比較淺的青色都可以觀想，沒有差別。

觀想三脈完畢，之後觀想四輪。首先觀想臍輪中脈裡

有一個本智烈火性質的紅色ཨ阿字，頂輪大樂輪裡有一個
甘露性質的白色ཧྃ杭字，ཧྃ杭字是頭朝下顛倒過來的，如此
觀想。

　　之後觀想四個脈輪，頂輪大樂輪32個脈瓣，脈瓣像傘
幅向下覆蓋的樣子；喉嚨受用輪16個脈瓣，像傘幅向上翻
的樣子；心間法輪8個脈瓣，像傘幅向下覆蓋的樣子；臍輪
變化輪64個脈瓣，像傘幅向上翻的樣子，如此觀想。

　　這些都觀想完畢後，要觀想臍輪紅色ཨ阿字烈火性
質，放射出本智的熊熊烈火，這熊熊烈火的熱氣通過中脈
到達頂輪大樂輪，熱氣射入ཧྃ杭字，ཧྃ杭字受到熱氣影響，
逐漸融化，慢慢滴下白色甘露。首先慢慢充滿頂輪大樂輪
32個脈瓣，再慢慢向下逐漸充滿喉嚨受用輪16個脈瓣，再
慢慢向下到心間法輪8個脈瓣，再慢慢向下到臍輪64個脈
瓣，所有脈瓣全部充滿白色的甘露。然後逐漸充滿整個身
體，全身都是白色的甘露。

　　慢慢觀想，最後觀想在心坎的中間有一個青色的ཧྃ邦
字，身體上端下端的白色甘露全部逐漸融入了青色ཧྃ邦字
中，然後邦字慢慢縮小慢慢縮小，最後消散得無影無蹤。和
前面講的一樣，沒有耽著的對境，沒有執著的對境，也沒有
緣取的對境，內心不產生任何耽著、執著和緣取，所以這是
無緣空性。這時候要等置在無緣空性之中，靜坐片刻。這個
禪修的方式就是內心產生安樂的方法，也是產生安樂功德的
方法。

以上是實修次第的第一項，現在按照這個方式實修。

（實修）

接著第二項實修，三脈四輪的觀想和前面都一樣。觀想從密輪到頂輪梵穴這個中脈，像拇指一樣粗細，藍色，然後有四輪。觀想的時候，中脈、精脈和血脈三個脈就像三根柱子，非常直；不能夠很粗糙，要非常薄；而且裡面空空洞洞，非常清澈。至於左右二脈的大小，如果觀想中脈是拇指粗細，血脈和精脈就觀想得稍微細一點，像無名指或小指一樣粗細就可以了。

注意男女不同之處，男生右邊的脈是白色精脈，左邊的脈是紅色血脈；女生右邊的脈是紅色血脈，左邊的脈是白色精脈。

之後兩個脈要通到兩個鼻孔，男生右邊白色的精脈向上通到右邊鼻孔，和右邊鼻孔連在一起，左邊紅色的血脈往上通到左邊鼻孔。女生是血脈紅色在右邊，向上通到右邊鼻孔，精脈白色在左邊，向上通到左邊鼻孔。這是三脈的觀想方式。

接著呼九節濁氣，呼出去的時候觀想煩惱、三毒等一切全都排出身體之外。首先是左鼻孔呼三口氣出去，同時觀想氣本身就是貪瞋癡的三毒煩惱，但是是粗糙的部分，隨著三口氣呼出去時，三毒煩惱一起排出去，全部排出身體之外。之後，右鼻孔呼三口氣，這時觀想三毒中品的部分排出身體之外。之後兩個鼻孔同時呼氣，也是觀想三毒煩惱，但

是是微細的部分，全部排出身體之外。

九節濁氣呼出去之後，貪瞋癡三毒的煩惱、疾病、罪業、蓋障等，全部都排出身體之外。無論如何，九節濁氣要這樣觀想。

九節濁氣做完後吸氣，首先觀想情器世界，外在的器物世界和內在的有情生命，全部融化成為光，經過左右鼻孔被吸進來，全部進入左右二脈，通過左右二脈到達了臍輪，在臍輪的位置進入了中脈。就在氣全部進入中脈時，立刻閉氣，上面的氣向下壓，下端的氣收束，然後修寶瓶氣，閉氣做觀想。

之後觀想淨土的部分，涅槃的外在的法是淨土，內在的法是諸佛菩薩，淨土和諸佛菩薩全部都融化成光，也是一樣從兩個鼻孔吸進來，進入血脈和精脈，之後到達臍輪，進入中脈。就在進入中脈的時候，一樣立刻閉氣，上端的氣往下壓，下端的氣收束。閉氣之後，就要觀想這個諸佛菩薩的氣在中脈的地方，逐漸融入了心坎中間的一吋光團之中。接著，觀想這個五色祥光的一吋光團，因為諸佛菩薩的光融入之故，光團慢慢擴大，擴大到身體的三脈四輪都是五色祥光。五色祥光再慢慢向外透射出去，慢慢屋子裡全是五色祥光，屋子外也全是五色祥光，慢慢地，整個世界都充滿了五色祥光。

最後這五色祥光要收攝回來，外在的五色祥光全部收攝進入身體之中，進入身體後的五色祥光，要分成身體的上

半端和下半端。身體上半端的五色祥光全部收攝在頂輪大樂輪，頂輪大樂輪的五色祥光慢慢收入喉嚨受用輪，喉嚨受用輪的五色祥光慢慢收入心坎中間的法輪。

身體下半端的五色祥光則全部聚集在臍輪變化輪，臍輪變化輪的五色祥光慢慢向上收攝，收入心坎中間的心間法輪，心間法輪8個脈瓣的五色祥光全部聚集收攝到心坎正中間的一吋光團之中。這個一吋光團也是五色祥光，慢慢縮小慢慢縮小，最後消散得無影無蹤。

因此，沒有緣取的對境，沒有耽著的對境，沒有執著的對境，這是無所緣取的空性。安住在無所緣取的空性中靜坐片刻。

現在按照這個方式禪修。

（實修）

前面談到，引發明晰的觀修的口訣是什麼？其中分成兩項，第一項正式說明口訣本身，這個口訣是怎麼樣做實修；第二項按照口訣做實修後，覺受產生的情形，在暫時方面自己內心會出現什麼覺受？第一項已經說明完了，現在說明第二項。

一般而言，覺受分成良好的覺受以及劣等的覺受兩種類型。其中劣等的覺受，就是實修之後比起實修之前，身體變得有許多疾病，沒有以前那麼健康；內心念頭越來越多，念頭變得力量很強大，而且有時候對於上師、對於教法不太有信心。

前面談過，一般來講，這些覺受其實是我們按照純正的方式實

修，如理實修之後會出現的效果。爲什麼呢？因爲純正如理實修，將我們內心埋藏的煩惱全部引發出來，這點一定要了解。把自己內心的煩惱引發出來之後，現在才開始去認識煩惱；以前不知道，現在才發現：啊！原來有這個煩惱，原來有這麼多念頭，原來內心有這個毛病有那個毛病。所以，這些劣等的覺受對我們自己是一種幫助，算是實修的一個成效。

但是，就初機的學習新手而言，當這些劣等的覺受出現時，會這樣想：大概我禪修的方式不對，不如理不如法；或者是我前輩子大概沒有修過這個法，這個法大概和我沒有什麼宿緣；或者雖然我如理實修這個法，不過這個法大概沒什麼利益，沒什麼威力，只是一個普通的法，不是高深的法；或者想這個法大概不太適合我，對我也沒有什麼幫助，因爲我在實修之前不是這樣，實修後，妄念紛飛，念頭比以前更加嚴重。因此信心越來越薄弱，開始很多胡思亂想，導致對上師、對教法，逐漸失去信心，最後信心完全丟掉。也有人落入這種局面，所出現的劣等覺受眞的變成了一種障礙。

不過，實際上應當了解：這是一個劣等的覺受，但是這覺受本身應該是我如理正確實修的一個成效，對我是有幫助的。有了這種了解之後，按照實修的口訣持續實修，逐漸地，這些劣等的覺受就會消散得無影無蹤。

相反地，有時候良好的覺受出現了，實修之前沒有的功德，實修後產生了；以前沒有什麼信心、悲心、慈心，實修後產生了；以前沒有很奇特的感受，實修後產生了。這些都屬於良好的覺受。

不過良好的覺受出現時，假設新手不會分析，良好的覺受反而

會變成修法的障礙。為什麼呢？因為當良好的覺受出現時，實際上也是自己如理實修產生的覺受，確實是這樣，但是沒有經驗的新手會想：「喔！我實修的效果竟然這麼好，我的根器不同凡響，我的這些覺受其他法友都沒有，只有我有，那我的程度應該是屬於利根，我的證悟應該差不多快要產生了吧！」因為覺得自己不同凡響，非常了不起，傲慢之心產生了。只要別人對自己不太相信，對自己不太恭敬，馬上不高興，甚至勃然大怒。之後對於稍微有好的證悟覺受的法友，立刻產生嫉妒心；對於和自己差不多的法友，立刻產生比較之心。

　　實際上最初是好的覺受，但是由於這個好的覺受，反而讓自己產生傲慢、嫉妒、比較之心。所以雖然是好的覺受，到頭來對自己完全沒有幫助，反而形成修法上的障礙，也有可能變成這樣。

　　現在坊間有些人在傳法，說自己有什麼特殊的覺受，在宣傳單上寫了些說明，把自己的名字寫在最上面，把上師的名字寫在角落，有這樣的一個情況。但是這個人實修的覺受是良好的還是劣等的，我們就不知道了；他所出現的覺受，到底是不是禪修所形成的覺受，我們也不知道，這些我們都不了解。

　　不過一般來講，自己已經依止上師後，就算自己的證悟功德超過上師，對上師也不能夠信心退轉，也不能夠輕視，這些絕對不可以。

　　佛陀住世時，弟子阿難擔任佛陀的侍者非常多年，但是在佛陀涅槃時，阿難還沒證得阿羅漢的果位。這時寺廟裡最大的總住持上座是大迦葉，做為佛的代表，統管整個僧團所有的出家僧眾。大迦

葉下了一個命令，把阿難驅逐出去，不可以待在僧團，爲什麼呢？大迦葉告訴阿難：「當你擔任佛陀侍者時，你有這個過失有那個過失，共七大過失，因爲七大過失之故，導致佛世尊壽命減少，不能夠長久住世利益弟子，因此你的過失非常嚴重。」就把阿難趕出僧團了。

阿難離開僧團後，在外面收了很多弟子，他教導弟子禪修，沒多久，弟子很多人都得到阿羅漢的果位，可是阿難自己沒有得到阿羅漢的果位。弟子就說了：「師父您實修也實修這麼久，當佛陀侍者也這麼多年，爲什麼您沒有得到阿羅漢的果位呢？身爲您教導的弟子，很多人都得到阿羅漢的果位，但是師父您卻不是阿羅漢，爲什麼呢？」

這一問，阿難心裡有一點難過，也有一點羞愧，想一想：「是啊，這確實不應該啊！我當佛陀的侍者這麼多年，我教導弟子，那麼多弟子都得到了阿羅漢，我自己卻不是阿羅漢，這好像不太對啊！」

他心裡非常難過，於是獨自躲到深山裡，產生了強烈的出離心，之後對於佛陀產生不共的信心，把佛陀所傳過的口訣教誡，重新好好觀修，沒多久就得到了阿羅漢的果位。

當他得到阿羅漢的果位後，立刻用神通觀察，爲什麼自己可以得到阿羅漢的果位，什麼因緣呢？用神通分析觀察後，發現：喔！原來是大迦葉！因爲大迦葉把他趕出僧團，把他的傲慢心完全降伏了，之後，他才腳踏實地觀修佛陀所傳授的教誡，因此才能得到阿羅漢的果位。他了解了：「原來是大迦葉幫助我，大迦葉對我的恩惠這麼偉大！」因此馬上跑去拜見大迦葉。

　　大迦葉開示：「佛陀涅槃之後，佛陀的教言之法、證悟之法，都是由我掌管。其實，佛陀涅槃時，我就要跟隨佛陀涅槃了；但是我負責教言之法和證悟之法的維繫，這個棒子本來是要交給你，但是你沒有證得阿羅漢的果位，怎麼講都沒有道理啊！我只好想辦法。假設你證得阿羅漢的果位，棒子交給你，我立刻就要進入涅槃了。」大迦葉向阿難詳細解釋。

　　因此師徒之間的關係，已經結下法緣之後，無論如何，對上師都要有恭敬心和信心。假設有一天自己的功德和證悟的能力真的比上師還要高，對上師的恭敬心和信心也不能退減，這點一定要非常清楚，這非常重要。

　　最有名的例子是印度的世親阿闍黎，他是有史以來印度最偉大的博士，專精於小乘教法，無與倫比，天下第一。在這麼多的小乘派系之中，世親所依止的是犢子部的上師。犢子部的宗義裡談到有一種我，叫作「不可說我」，有一個補特伽羅我存在，這是犢子部不共的主張。

　　世親是一個非常聰明的人，當他把宗義教理仔細研讀實修之後，發現根本就沒有「不可說我」。因此有一天晚上，他把房間的門窗全部打開，衣服全部脫光，在屋內每一個角落點了燭燈，之後就打坐參禪。過了一天，法友看到了，向上師報告，說世親阿闍黎昨天晚上觀修，非常奇特，和上師教的不一樣，他是如何如何做。上師立刻吩咐人把世親阿闍黎找來，問他：「聽說昨天晚上你把窗戶全部打開，衣服脫光，在房裡點了許多燭燈，照得一片通亮，之後打坐參禪，原因是什麼？怎麼禪修呢？」

世親阿闍黎回答：「上師您曾經開示過，有一個不可說我存在，但是在哪裡？我從來都沒有看過。如果他存在，我想晚上他會出來，所以我把衣服脫光，他跑出來時我可以看到。至於房間裡全部點燭燈，因為非常亮，他出來時我才能看到啊！所以我這樣觀修。」

上師非常聰明，心裡明白了，有點不高興，心想這個弟子的宗義已經和我的宗義不一樣了，就說：「我們來辯論好不好？」對世親阿闍黎下了挑戰書。

世親阿闍黎不是只有這輩子是大博士，之前已經很多輩子都是大博士，是腦筋非常聰明、辯論非常銳利的人。他知道只要自己和上師辯論，上師必輸無疑，而辯論的場合會有很多人，自己已經依止他為上師，若當眾打敗上師，絕對不可以，如果這樣做，自己對上師完全沒有恭敬之心，這不是弟子應該做的行為。因此，第二天，他馬上逃到別的國家，沒有再回來。

所以，依止上師，無論如何對上師都不能沒有恭敬之心。

西藏人和外國人的依止上師有所不同，西藏人依止上師的方式完全按照教法教理進行，但是外國人依止上師的方式就不太一樣。當全部都是順緣時，外國人對上師的信心和恭敬非常強烈；但稍微有一點逆緣產生時，對上師的信心和恭敬就沒有那麼多了，開始有一點改變。

無論如何，已經依止上師之後，對於上師的恭敬和信心都不應該消退。特別是密咒乘的教法之中，強調上師實在非常重要。就算不是密咒乘的教法，在顯教的教法裡，佛陀也開示，祂涅槃之後佛

陀的代表就是上師，佛陀的教言之法和證悟之法我們都要從上師這裡才可以得到。

佛陀還親自開示：「我涅槃之後，未來的時代，我會示現成爲上師的形相，繼續利益眾生教導弟子。在未來的時候，上師就是我的化現。所以大家對上師要有信心，相信上師就等於是相信我，這是非常有必要的。」

所以我們修法的弟子，對於上師的恭敬，對於教法的信心，對於眾生的慈心、悲心、菩提心，還有空性的觀修、空性的了悟，這些都是教法的根本之處，對這些無論如何一定要非常重視，不能夠欠缺。

 དེ་ཉིད་གོམས་ལས་ཉམས་ཀྱང་རྣམ་པ་བཞི། །གང་སྣང་འལ་འོལ་ཟང་ཐལ་གསལ་བ་སྐྱམ། །
串習彼後覺受亦有四　心忖任顯模糊通澈明

ཉིན་མཚན་གསལ་བའི་ངང་ལ་གནས་པ་དང་། །རྣམ་རྟོག་མི་གཡོ་སེམས་གསལ་དྭངས་པ་དང་། །
畫夜住於明晰狀態中　妄念未動內心明清澈

ཤེས་རབ་སྐྱོང་ཚལ་གཟུང་འཛིན་ཐལ་བའོ། །
勝慧流露已離取執矣

明晰的功德如何產生？首先是觀修的口訣，從上師處得到口訣之後，按照口訣再三觀修，之後會變成「修習」。如果只禪修一次、兩次，那不能稱爲修習。因爲透過觀修，觀修之後要串習，只有一次、兩次不能叫串習，要經過長久再三，修了很久之後，才能說是串習。而串習成功的徵兆是：自己的內心和所修的法的內容完

全結合在一起，無二差別。

　　譬如，中國人會問：「你住在這個地方習不習慣呢？」意思是你已經在這裡住了很久，若只住一天、兩天，不會問你習慣嗎？不能這樣講。一個人如果在這個地方已經住很久，他會習慣這裡的飲食，之後他心裡常常想到的就是這個地方的飲食，就算到別的地方去，也會想到這個地方的飲食是什麼，然後吃到這個地方的飲食時，就覺得非常快樂。那就會說他已經習慣住在這個地方了，世俗之人都是這樣講。

　　一樣的道理，只觀修一次、兩次不能叫串習，不能說他習不習慣。要一再觀修，經年累月觀修，觀修之後，內心始終都在想著這個教法的內容，內心恆常安住在所修的法的本質之中。如果這樣，表示這個人的內心串習成功，已經和這個法結合在一起了。

　　「串習彼後覺受亦有四」，如果內心達到串習程度的時候，會出現四種覺受，哪四種呢？

　　首先，一切所顯的景象，牆壁、樹木、石頭、高山等，好像不是一個固體，好像沒有障礙，由內可以看到外面，好像不是那麼堅硬，好像可以穿過去一樣；眼睛看不到被擋住了，或內心不能夠思維，或想不清楚的，這些狀況都沒有。眼睛看過去好像可以穿透，對面也可以看得清楚，這時候內心非常廣大，非常明晰，好像一切都可以看得到，都能夠明白了解。這是第一種覺受，第一種功德。

　　第二種，通常白天太陽出來的時候，四周一片光亮，看什麼景物都可以看得清清楚楚，因為非常明亮，沒有黑暗。晚上則不一樣，晚上沒有太陽，如果把燈都熄掉，會陷入一片黑暗，什麼都看

不到。但是明的覺受出現時，晚上看四周的景物，和白天一樣，有燈沒燈都沒差別，四周的景象看起來還是清清楚楚，非常明晰。這是第二種覺受。

閉關有一種修法稱為「閉黑關」，要閉三年。閉黑關的時候，房間裡沒有窗戶沒有門，完全沒有亮光，三年不能看到任何光線。黑關行者曾經講過，閉黑關差不多經過六個月之後，關房裡四周的東西模模糊糊大概可以看到，表示明的覺受慢慢出現了。這是屬於第二種功德。

第三種，進行觀修的時候，慢慢地，內心沒有任何妄念出現；就算內心有妄念出現，對自己的禪修也不會造成障礙，內心完全清澈，沒有任何干擾。這個時候，慢慢不再感覺到自己有身體存在，四周一片光亮，完全都是在光亮的景象之中。這是第三種功德。

第四種，長久觀修，慢慢串習有了成效之後，顯教大乘裡談到的離戲空性，以前沒有證悟的，這時候突然間立刻自然證悟；密咒乘門生起次第、圓滿次第，大圓滿的見地，立刻得到證悟。這是慧見在內心顯露出來，聰明勝慧非常銳利，因此以前不了解的，現在突然間就了解了。這時候產生的了解和證悟，不是從書本上讀一讀得到的，不是從外面聽老師講一講知道的，而是內心自然流露的功德，內心的聰明勝慧自然就知道。此時，對於外在所取的對境的耽著也沒有，對於內在能執的內心的耽著也沒有，一切耽著完全消失不見。

昔日貝諾法王派我前往四川白玉寺佛學院擔任校長期間，我主要的上師是亞青寺堪布阿秋，他有位上師是瓊給阿里仁波切，這位

阿里仁波切的上師就是大堪布雅嘎。阿里仁波切在大堪布雅嘎那裡做了14年的工作，沒有學法，那14年中他都在做什麼呢？

西藏很多大上師都有放牧牛羊，因為西藏的生活非常艱苦，假設沒有放牧牛羊，就沒有牛奶，若沒有牛奶，很多人閉關就生活非常困難，沒辦法閉關。所以師父若有很多弟子，一定會有成群牛羊，放牧之後有牛奶可以用，大家就可以進行閉關。

這位阿里仁波切在大堪布雅嘎那裡做了14年侍者，放牧牛羊的侍者，每天就只放牧牛羊，這樣連續不斷做了14年。上師從來沒有對他講過佛法，過了幾年才傳授一個口訣，過了幾年又傳授一個口訣，這樣當侍者當了14年。所以，他小乘的教理從來沒學過，顯教大乘的教理從來沒學過，密咒乘的義理和大圓滿的義理也從來沒學過；但是上師所傳授的一個口訣、兩個口訣，經常做實修之後，阿里仁波切證悟了大圓滿的見地。當他證悟了大圓滿的見地，對於密咒乘門的見地、觀修、行持徹底通達，對於顯教大乘的見地、觀修、行持也徹底通達，對於小乘的見地、觀修、行持也都完全通達了。

通達之後，有一天阿里仁波切就找我去，對我說：「我現在內心所了解的教法的內容，我要跟你講一下。但是我內心的這個了解不是從書上得來的，也不是從老師那邊學到的，因為老師根本就沒講過，這是我內心自然流露出來的功德。因為你是堪布，你是一個讀書人，你來檢查看看，我內心自然流露出來的這個功德，和佛經教理符不符合？現在我講給你聽。」

他開始詳細講解，小乘的法應該是什麼，大乘的法應該是什

麼，唯識宗的宗義應該是什麼，中觀的宗義應該是什麼，他所說的和經論裡所記載的完全符合。這就是「勝慧流露」，內心的勝慧好像河水一樣自然流露出來。這不是從書上得到的了悟，也不是從上師的開示中得到的了悟，這完全是經由禪修後，內心自然就流露出來的功德。但內心要自然流露出這個功德，絕對不是修一次、兩次就有的。

譬如我們和一個人認識了，只見過一次面，不會對人家說：「這是我的老朋友。」見了兩次面、三次面，也不會對人家說：「這是我的老朋友。」如果經常在一起吃飯聊天，過了 10 年，就會對別人說：「這是我 10 年的老朋友！」過了 15 年就會對別人說：「這是我 15 年的老朋友！」世俗之人都是這樣說的。

所以修一次、兩次，不能說這個法我已經串習、我已經習慣了。如果只是觀修一次、兩次，沒有串習，在內心也沒有串習成功的徵兆，前面講的這些暫時的功德、覺受，都不會產生。要像說「這是我 10 年的老朋友」「這是我 15 年的老朋友」一樣，若你跟別人說：「這個修法我串習了 10 年！」「這個修法我串習了 15 年！」這個串習大概就有點成功的徵兆。如果串習這麼久，前面講的四種功德，一定會逐漸出現的。

དེ་ཡང་གོམས་ལས་མངོན་ཤེས་འཆར་བ་དང་། །སྒྲིབ་པས་ཆོད་ཀྱང་པ་རོལ་ཟང་ཐལ་སོགས། །

彼亦串習之後現神通　雖阻隔然對面通澈等

མངོན་པའི་སྤྱན་དང་རྫུ་འཕྲུལ་འགྲུབ་པར་འགྱུར། །འདི་ནི་ཡང་ཟབ་གདམས་པའི་ཞིང་ཁུ་ཡིན། །

能見眼通神變將成就　此即更深教誡之醍醐

　　把前面所說的實修口訣再三觀修，不斷串習。一般來講，我們所禪修的口訣，不是非常廣大，也不是非常深奧，也不是非常多，就是單純幾句。有些弟子會認為口訣應該是非常深奧非常奇怪，禪修的方式應該是內心想很特別的事、身體做很奇怪的動作，才稱之為「甚深口訣」。

　　但是口訣往往都只有幾句，詞句非常少，之後，上師說：「就這一句你去修一年吧！」「就這一句你去修六個月吧！」如果是對上師、對教法有信心的人，立刻就會去觀修一年或六個月。

　　但是許多弟子通常對教法信心不夠，因此上師開示後，就產生懷疑：「就這幾句嗎？這看起來好像很容易了解，沒有什麼奇特的。」修了幾天、一個禮拜、兩個禮拜後，沒有什麼特別的成效和覺受，覺得這個口訣平淡無奇，沒什麼特殊，就把它丟了，想要再去找一個奇特的口訣。於是又去拜訪新的上師，得到了一個口訣，又是一兩句，上師開示：「你這個句子修六個月。」「你這個句子修一個月。」又修了一陣子，還是沒什麼成效，沒什麼覺受，又覺得這個口訣平淡無奇，一點也不奇特，應該不是甚深口訣，又把它丟了，又再另外去找甚深的口訣。

　　一般來講，所修的法本身並不是沒有威力，並不是沒有加持的力量，而是修行者自己信心的程度不夠，相信的程度不夠，由於信心和相信的力量不夠，不足以支持他持續實修。所以實修時，會懷疑：口訣就這麼幾句嗎？唸一唸好像也不怎麼奇特嘛！覺得這個口訣不深奧，平淡無奇，應該沒什麼用處沒什麼威力，因此很容易就把口訣丟掉了、放棄了，之後再去尋找奇奇怪怪的口訣。很多弟子

有這種情形。

如果對上師、對教法的信心堅固無比，非常強烈，上師說：
「就這個句子你修六個月、修一年！」弟子信心非常強烈，按照口
訣，腳踏實地眞的去實修了，口訣裡講到的覺受都會出現，神通的
威力也都會出現。當神通產生的時候，對面那個人腦袋在想什麼，
自己完全了解，他的內心出現什麼念頭，自己也會知道。逐漸地，
了知的能力越來越強烈。慢慢地，更遙遠的距離，連天界的天神腦
袋在想什麼，地獄的眾生腦袋在想什麼，都能夠知道；慢慢地，外
太空他方世界那邊的眾生內心在想什麼，也都能夠知道。

之後，眼前的牆壁、土石，對面那座山，再遠幾座山，千里之
遙，眼睛也都能夠看到，產生了天眼通。這是我們凡夫肉眼看不到
的，它比肉眼更加厲害，能夠看到千里之外。

然後，也會有變化的能力，能夠變出東西的這種能力也會產
生。

行者如果能夠如此按照口訣實修，那麼，在他的內心，以上這
些功德一定都會慢慢出現。

當內心這些功德出現時，古往今來所有成就者都是深藏不露，
越有功德越是深藏不露。好像烏龜，頭、手、腳全部縮在龜殼裡，
要出發走到另外一地時，才伸出來，一到那個地方，頭、手、腳又
藏起來了。

古往今來所有的成就者都是這樣，除非非常有必要，偶爾展示
一下神通，否則沒有任何一個成就者會貼廣告單，四處宣傳自己有
這個神通、有那個威力，從來不會這樣。因為如果做宣傳，首先，

功德力就要衰損，這是第一個危險。其次，魔馬上會知道這個人有神通能力，立刻遭來魔障，這是第二個危險。

在西藏，有一位上師要到某地去，須渡過大河，由於他帶著很多弟子，帶了很多錢財物品，因此雇了非常多艘船，浩浩蕩蕩開往目的地。當船順著大河開，這位上師站在船上一看：「財物這麼多，弟子這麼多，船這麼多，能夠在這麼大的河面浩浩蕩蕩前進，喔！我的福報非常大，我的功德非常大！我的上師從來就沒有這種情況，我的上師從來就沒有帶過這麼多弟子、這麼多錢財、這麼多船。」馬上產生了驕傲心。當驕傲的念頭產生時，他所乘坐的那艘船立刻破裂，沈沒到河裡。

為什麼呢？因為當他產生這些念頭的時候，他神通變化的能力、功德立刻衰損。等他沈沒到河底時，馬上想到自己的上師，想到上師的名號，立刻呼喚上師，上師現身救了他。之後上師做了開示：「如果我努力去追求，我也可以和你一樣，擁有這麼多船、這麼多弟子、這麼多錢財物品。但是這有什麼意義嗎？有什麼幫助嗎？這些有精華可言嗎？完全沒有！因為你覺得你比上師還要厲害、還要偉大，只要有這種想法，你得到的神通變化能力馬上消失不見。」

一般來講，一個行者如果認真踏實做實修，內心產生了證悟的功德，產生了神通變化的能力，這樣的行者一定是深藏不露，完全保密，這點非常重要。

假設不這樣做，首先自己的內心會產生傲慢之心，因為傲慢之心增長增廣之故，神通變化的威力會逐漸衰損，慢慢消失了。並且

會讓魔知道這個人原來在這裡，馬上引來魔鬼邪祟的障礙。還有自己的福報也會慢慢衰損。因此，古往今來所有的前輩聖者都是深藏不露。

中國是佛教大國，古往今來，文殊菩薩的化現、阿彌陀佛的化現、觀音菩薩的化現、度母的化現，化現到這個世界上，化現成某一個人去利益眾生，這種事蹟非常多。但是只要有人知道這個人是阿彌陀佛化現，他馬上圓寂；如果有人發現這個人是觀音菩薩化現，他馬上圓寂。

爲什麼呢？因爲利益眾生時，自己的功德能力完全都是保密的，只要有人知道，立刻就示現涅槃，不會再留在世上。

從這裡可以了解，古往今來沒有任何一個具有神通威力的人公開貼廣告單宣傳，說自己有這個神通、有那個威力。中國從古到今，沒有這種習慣，也沒有這種傳統。

所以前面談到實修口訣，引發自己內心明晰的覺受、明晰的功德，這是屬於甚深的口訣，即使是在大圓滿傳承的教誡之中，也是屬於甚深的精粹，精華的凝聚。這一點無論如何弟子一定要相信，因爲只有堅定相信，產生了信心之後，才能夠持續實修。

三、無妄念的覺受的禪修方式

第三無念方便之直指　前行如前正行有三項

投射攝持調治諸次第　投射心間處心性光明

ཧ་འམ་འོང་གི་གོང་བུ་ཚོན་གང་ཞིག །ཁ་ཞེས་ཉེར་གཅིག་པར་དང་བཅས་བརྗོད་པས།།

哈或約略一吋許光團　有力唸誦哈聲廿一故

རྒྱངས་ཀྱིས་སྤྱི་གཙུག་ནས་འཐོན་མཁའ་ལ་སོང་། །རྗེ་མཐོ་རེ་མཐོར་མཐར་ནི་བལྟར་མེད་པའི།།

遠遠脫離頭頂入天空　漸高漸高最終無所看

དང་དུ་ལུས་སེམས་འོང་སྐྱོད་མཉམ་པར་གཞག །སྐད་ཅིག་དེ་ལ་རྣམ་རྟོག་རྒྱུན་ཆད་དེ།།

狀中身心悠閒平等置　於彼刹那念頭續流斷

སྨྲ་བསམ་བརྗོད་དུ་མེད་པའི་དང་ལ་གནས། །ཉམས་ཀྱང་བལྟར་མེད་བསམ་ཡུལ་འདས་པ་འབྱུང་།།

住於離言離思無詮狀　覺受亦現無看離思境

　　第三個口訣是無妄念的口訣。首先，前行法有四種，前面已經
講解過了，要按照那些方式好好地修。之後是正行實修的口訣，分
爲投射、攝持和調治三項方式。

第一項：投射的方式

　　首先觀想自己心坎中有一個放光的白色ཨ阿字，或者觀想心坎
中間有一個一吋大小的五色光團。一吋有多大呢？大拇指有兩節，
一節就是一吋。觀想白色的ཨ阿字或是一吋的五色光團在心坎中
間，之後口中唸哈、哈、哈……共 21 遍。一邊唸時，心坎中間的
白色ཨ阿字（或五色光團）一邊往上慢慢浮動，21 遍唸完時，浮
到頭頂，從頭頂上飛射出去，到達天空，越來越高。

　　我們知道天空沒有邊界，因此浮到天空的ཨ阿字（或五色光
團）和天空混在一起，完全沒有邊際，消散得無影無蹤。就在這個
時候，內心妄念的持續之流立刻中斷。當內心妄念的續流中斷時，

內心離言思銓（離開言語、思維和理論的解釋）的見地，一定會出現。會有什麼覺受呢？沒有執著，沒有耽著，因為是超越思維的境界，不能夠思維，這樣的覺受就會出現。

這個投射的口訣，只有簡單的內容，非常方便也非常容易實修。如果是真正的實修行者，對於上師和教法應該完全相信，完全有信心。假設沒有信心，不太相信，雖然這個實修的口訣簡單，很容易做，很方便做，但是因為我們的罪障都很深厚，所以不是只做幾次功德就會出現，那是不可能的。

古代達摩祖師到中國的時候，所傳的大弟子是當時殺過非常多人的一位將軍，累積罪業非常嚴重，來聽法學法時，達摩祖師就算是用神通變化的威力降伏他，對他也沒有任何用處。為什麼呢？因為他已經殺了非常多人，罪業非常嚴重。所以達摩祖師用神通觀察：「喔！這個弟子殺了很多人，要讓他砍斷自己手臂，用這個方式才能清淨重大罪障。否則內心罪業太過深重，在這些罪障沒有清淨的情況下，不管對他開示什麼教法，他都不可能做實修，根本沒有解脫的機會。」

這個將軍因為殺了很多人，有悔心，想開始學法。來拜見達摩祖師時，內心想：「我在上師這裡得到觀修口訣後，回家好好實修，大概解脫還有希望吧！」只是這樣一個想法而已。拜見上師時，上師馬上指示：「你要學法可以，自己砍斷手臂，我就教你。」這個弟子一聽，本來是快快樂樂來求法，想要得到一個口訣回去慢慢實修，沒想到上師竟指示要砍斷手臂才能學法，很意外。但是因為他對上師、對教法的信心非常強烈，毫不猶豫就馬上拿刀

砍斷自己的手臂，是這樣請法的。他得到教法後，信心非常強烈，按照上師給的口訣實修，逐漸得到證悟。爲什麼得到證悟呢？因爲信心強烈，最主要是靠信心。

實修練習Ⅱ

　　就引發樂、明、無妄念的功德而言，口訣有三種。首先是引發安樂的觀修口訣，之前我們講解過了，也做了實修，今天再做簡略的說明。

　　首先端身正坐毗盧七支坐法，從密輪到頂輪梵穴觀想中脈，左右兩邊血脈和精脈，精脈白色血脈紅色，觀想三脈就像房子中間三根柱子一樣。中脈具足四個特色，我們也解釋過了。然後開始觀想中脈像小指般粗細，慢慢變大像拇指，慢慢變大像手腕，慢慢變大像茶杯，逐漸變大，最後變得和身體一樣大，整個身體都是中脈。

　　之後觀想四輪，頂輪裡有一個白色ㄅ杭字，心坎裡有一個淺藍色ㄅ邦字，臍輪裡有一個紅色ㄚ阿字，它是本智烈火的性質。ㄚ阿字放出烈火引發了熱氣，熱氣經心輪、喉輪傳到頂輪射中ㄅ杭字，ㄅ杭字融化流下甘露滴落下來，滴到ㄅ邦字上；慢慢地四輪都充滿甘露，逐漸地整個身體全部都充滿白色的甘露。最後甘露要逐漸地收攝，全部融入心坎的ㄅ邦字，ㄅ邦字又慢慢地縮小，最後消散得無影無蹤，無所緣取，在無所緣取的空性中靜坐片刻。這是引發安樂功德的口訣。

　　前面的口訣要分成三個步驟觀想。首先第一個步驟，觀想中脈，由細變粗，遍及整個身體都是中脈；第二個步驟觀想三脈四輪，觀想甘露流下來的情形，最後甘露充滿全身；第三個步驟甘露全部融入ꡃ邦字，收攝進入ꡃ邦字裡，之後ꡃ邦字慢慢縮小縮小，最後消散得無影無蹤，在無所緣取之中靜坐片刻。

　　（實修）

　　第二是引發明晰的功德。禪修的口訣，首先也是觀想左、右、中三脈，中脈一樣從密輪到梵穴，但左右二脈要從底下往上通，到達眉心，從眉心折下來，經過左右兩個鼻孔。這樣觀想完畢後呼九節濁氣，呼時把內心的貪瞋癡三毒煩惱，還有內心的疾病、邪祟、罪業、蓋障等，觀想全部混在氣之中，完全排出去，完全沒有了。

　　之後吸氣，吸氣時要思維外在的器物世界、有情生命全部融化成爲光，光和氣全部混在一起，當鼻孔吸氣時，由左右鼻孔吸進來，通過左右二脈到達臍輪底下，進入中脈，由中脈慢慢往上浮動。觀想心坎中間有一個五色光團，氣由中脈向上浮動後，紛紛融入心坎中間的五色光團之中。這個時候閉氣觀想，下端的氣往上提，上端的氣往下壓，修寶瓶氣。

　　這樣閉氣一下後，若氣快要不足，要慢慢呼出去。氣再度吸進來時，改成觀想淨土世界、諸佛菩薩，全部融化成爲光，這個光也和氣混合在一起，被自己吸進來，吸到左右

兩個鼻孔，通過左右二脈，到達中脈下端，進入中脈，之後
又逐漸融入心坎中間一吋的五色光團中。也是要閉氣，收束
下端的氣，上端的氣向下壓，修寶瓶氣，這是第一個步驟。

第二個步驟，觀想心坎中間的五色光團慢慢變大，之
後自己的身體全部都變成五色祥光，五色祥光慢慢擴大到身
體外面，慢慢擴大到房子裡，又慢慢擴大到房子外，慢慢擴
大到越來越遠，整個世界全部都是五色祥光，整個淨土全部
都是五色光團，要這樣觀想。

第三個步驟，外在器物世界的這些五色祥光，全部逐
漸收攝回來，融入自己的身體之中，五色光團只有在自己身
體裡，慢慢地，五色光團的這個身體，全部融入心坎中間的
五色光團之中。心坎中間這個一吋大小的五色光團又慢慢縮
小縮小，最後消散得無影無蹤，無所緣取。在這個時候沒有
任何執著，沒有任何耽著，沒有任何思維，在不做任何思維
的狀態中靜坐片刻。

（實修）

引發無妄念的功德，口訣有三種，今天只教了第一
種，所以只實修第一種。方式很容易，觀想自己心坎中間有
一個白色的ཨ阿字或一吋大小的五色光團，兩個都可以，看
自己觀想哪一個比較方便。接著口中唸誦「哈」21次，同
時，心坎中間的白色ཨ阿字或五色光團慢慢向上飄浮，飄
浮到頭頂後，射到外面去，在天空往上不斷飄浮。因為天空
沒有邊際，所以五色光團或ཨ阿字慢慢消散在虛空之中，

沒有邊際，無影無蹤。這個時候在沒有執著、沒有緣取、沒有耽著中靜坐片刻。

（實修）

我們再三解釋，反覆說明，是希望大家能夠完全了解實修的內容、實修的方式，回到家後，能夠每天多少做一些練習，因為持續不斷地練習是非常重要的，希望在這方面對大家有所幫助。即使你非常忙碌，但是每天一定要空出至少 15 分鐘、20 分鐘，持續不斷地實修。

第二項：攝持的方式

以無妄念的方式修安止，分成投射、攝持和調治三種方式。接著講解第二種，以攝持的方式觀修安止的口訣。

གཟུང་བ་ནི་མའི་ཉིས་ལ་རྒྱབ་གཏད་དེ། །དྲངས་པའི་མཁའ་ལ་མིག་གཏད་ལྷུན་ནེར་གནས། །
攝持背向旭日之方向　眼向清澈天空坦然住

རླུང་རྒྱུ་མི་ཚོར་ཅི་ནས་དལ་བར་བྱ། །མི་རྟོག་སྟོང་དང་བྲལ་བ་ཁོང་ནས་འཆར། །
不覺氣之浮動盡力緩　由內出現無妄離戲論

རང་བཞིན་ནས་མཁའ་ལྟ་བུའི་ཉམས་སྐྱེའོ། །
生起自性如空之覺受

以攝持的方式修安止時，首先自己要背對著太陽，眼睛看著前面虛空，眼珠絲毫不動搖，就這樣看著（不是注意看，而是眼睛張

開向前看而已）。這時要完全放輕鬆，呼吸平穩緩慢，內心沒有任何妄念、執著、耽著，在這種狀態之中，一心安住，輕鬆安住。如果能這樣，就會達到無妄念的狀態，空性的光明會由內在自然地出現。

一般我們在這個地方談到虛空三證，三種虛空的證悟會在內心產生。三種虛空指外在的天空、內在的天空、秘密的天空。

首先，外在的天空就是外面晴晴朗朗、沒有雲朵、非常明亮的這個天空。這是外在的天空。

內在的天空是指無妄念識，神識本身沒有任何的妄念、執著、耽著，等置在沒有妄念、沒有執著的狀態之中。這是內在的天空。

秘密的天空是指自己的內心實相本身是本質空、自性明，三身的性質，三身的自性。對這個部分的證悟稱為秘密的天空。

第三項：調治的方式

ཁྱུང་བ་མཁའ་ལ་མིག་གཏད་མ་ཡེངས་པར། །ཤེས་གསལ་སྐྱོ་བཙུ་མེད་པའི་ངང་དེ་ནས། །

調治眼朝天空莫渙散　　心明不射不收狀然後

ས་རྡོ་རི་བྲག་སྟོང་བཅུད་ཐམས་བཅད་ཀུང་། །ཁང་ཁྱམ་ནས་མཁའ་གཅིག་ཏུ་སྟོང་པར་བསྒོམ། །

地石山岩一切情與器　　觀為通澈成為一虛空

以調治的方式觀修安止時，最好是能夠在空的房子裡，或是有一個空地來做實修。實修的時候，眼睛看著天空，看著虛空之中，內心沒有放射出妄念，也沒有特別專注在哪裡，也不放射也不收攝，意思就是沒有妄念的狀態。這個時候沒有念頭、沒有執著、沒

有耽著，心等置在沒有妄念的狀態之下；這個時候對我顯現出來的大地、石頭、房子、高山，情器世界等任何一切，僅僅只是顯現，實際上不能夠成立，就好像通澈透明的一樣。

　　譬如天空，因為它通澈，我的手可以揮來揮去沒有阻礙。和這道理一樣，任何所顯現出來的法，都不是堅硬的，不是有阻礙的，僅僅只是顯現，實際上不能夠成立，實際上它是通澈的，通達無礙的，要這樣做觀想。

　　前面談到外在的山河大地，接下來談到自己的身體：

རང་གི་ལུས་ཀྱང་རགས་པའི་དངོས་མེད་དེ། །སེམས་དང་ནམ་མཁའ་དབྱེར་མེད་ངང་དུ་གཞག །
己身軀亦無粗分實有　置於心與天空無別況

ཕྱི་ནང་བར་གསུམ་རྣམ་དབྱེ་མེད་པའི་ཆོས། །ནམ་མཁའི་ངང་དེར་ལུས་སེམས་ལྷོད་སྐྱོད་ལ། །
外內中三無分別之法　於彼空狀身心悠閒住

དྲན་བསམ་ཡིད་ལ་བྱེད་པ་རང་ཞིའི་དང་། །སྒྲོ་བཏུད་མེད་པའི་སེམས་ཉིད་རང་སོར་གཞག །
憶念思維作意自寂況　置無射收心性之原處

དེ་ཚེ་ཆོས་ཉིད་བསམ་བརྗོད་འདས་པའི་སེམས། །གཉིས་མེད་ནམ་མཁའ་ལྟ་བུའི་དགོངས་པ་འཆར། །
彼時法性越離思詮心　無二如同天空尊意現

འདི་ནི་དུས་གསུམ་རྒྱལ་བའི་སྙིང་པོ་ཡིན། །
此即三時勝者之心要

　　外在的事物，都是自性不能夠成立，因為自性不能夠成立，因此它像透明的一樣，通澈沒有阻礙；同樣地，自己的身體也是這種情形。我們凡夫現在的身體，是粗糙的物質，是有阻礙的，但這時

應當觀想自己的身體也是空空洞洞的，像天空，是通澈的，沒有阻礙的，血肉骨皮等一切全部通澈透明。

再來秘密的方面是什麼呢？秘密的方面就是內心。自己的內心，根本上就是自性不能夠成立，就像天空一樣。所謂的內心只是我們口中說說而已，嘴巴上說得出來；若去找內心最初從什麼地方而來，中間停留在什麼地方，最後的階段往什麼地方而去，從這三方面仔細分析的話，了不可得。我們只會說：「喔！死亡的時候，我們會把身體丟掉，之後內心就離開了身體。」但怎麼離開呢？有沒有看到呢？然後出生的時候，心伴隨著業力而出現，怎麼出現呢？這都只是嘴巴上說說而已，實際上是自性不能夠成立，了不可得。

所以，外在的土石山河大地，以及內在自己的身體血肉骨皮等，還有自己的內心，這三者完全都是自性不能夠成立，這點毫無差別。自性不能夠成立的情況就好像天空，確實是這樣，要堅決確定。

在這個確定之下，身體完全放輕鬆，內心也完全放輕鬆，在身心放輕鬆的狀態中，對過去的事物也不必思維，對現在的事物也不必思維，對未來要發生的事物也不必思維，一切都徹底放下。當這一切三時的事物徹底放下時，內心沒有任何念頭，沒有任何妄念，沒有執著，沒有耽著，這是內心自然的狀態，要安住在內心自然的狀態之中。如果能做到這樣，那麼，超越內心不能夠思維的、不可思議的法性，也就是像天空一樣無二的意義，這種證悟就會在內心出現。

當這種證悟出現時，過去佛所證悟的實相也是這一個，過去佛

向所調伏的弟子開示的教法也是這一個；現在佛所證悟的實相也是
這一個，現在佛向弟子所開示的教法也是這一個；未來佛所要證悟
的實相也是這一個，未來佛要對所調伏的弟子所開示的教法也是這
一個。

　　總而言之，三時一切諸佛的證悟就是這一項，而且對弟子所要
開示的法也是這一項。所以這是一切的精華，這樣一個精華的實相
就會在自己的內心出現。

　　按照前面的方式觀修安止，之後產生了成效，暫時方面的功德
會有四種覺受在內心產生，如頌文談到的：

དེ་ལྟར་བསྒོམས་པས་ཉམས་ཀྱང་རྣམ་པ་བཞི། །གང་སྣང་ཕྱམ་ཕྱམ་རགས་པའི་འདུ་ཤེས་མེད། །
如前修故覺受亦有四　　任顯平平而無粗分想

ཉིན་མཚན་མི་རྟོག་དང་ལས་འབྲལ་མི་ཕོད། །དུག་ལྔ་རང་ཞི་སེམས་རྒྱུད་འཇམ་ལ་དེས། །
日夜不敢離開無妄狀　　五毒自寂心續調柔後

ཆོས་ཀུན་ནམ་མཁའ་འདྲ་བའི་ཉམས་སྐྱོང་སྟེ། །
彼生萬法如空之覺受

　　這樣觀修安止之後，暫時方面產生的功德有四種。

　　第一種，外在的土、石、山河大地、房子、身體等，任何所看
到的事物，不會以為它是很堅固的、很扎實的，這種感覺和想法不
會出現。而是覺得我所看到的任何事物都是自性不能夠成立，都是
通澈透明的，都是無阻礙的。這種覺受會在內心產生。

　　第二種，白天和晚上，內心都沒有任何妄念出現，安住在無妄

念的狀態中，內心會覺得非常高興。也就是說，白天安住在無妄念之中，絲毫不會想要離開這樣的本質，晚上也安住在無妄念之中，內心也不會想要離開這樣的狀態。這種覺受會出現。

第三種，自己內心貪戀、瞋恨、愚癡、傲慢、嫉妒等五毒煩惱自然寂靜止息。這時候發現自己的內心沒有出現貪戀、瞋恨、愚癡、傲慢、嫉妒等，自己身口心三門的行為都非常柔和、非常調伏，都很放鬆，和菩薩的行持一樣。這種覺受也會出現。

第四種，萬法都像天空一樣，就是想要去思維它也不能夠思維，想要去講它也沒辦法講出來，但是萬法還是顯現出來。不過顯現出來的時候就像天空一樣，是沒有阻礙的，在這種狀況下顯現出來。這種覺受也會出現。

以上這四種功德會在內心產生。

前面談到無妄念修安止的方式有投射、攝持和調治，如果以這三種方式觀修，逐漸會產生什麼成效呢？除了暫時方面的四種功德外，接著會逐漸產生以下能力：

དེ་ལྟར་མི་རྟོག་གསུམ་ལ་གོམས་པ་ཡིས། །བྱུན་དང་མངོན་ཤེས་ཏིང་འཛིན་ཡོན་ཏན་འགྲུབ། །

如前串習三種無妄故　成就眼與神通等持德

ཐབས་དང་ཤེས་རབ་ཞི་ལྷག་ཟུང་འཇུག་བས། །གནས་སྐབས་མཐར་ཐུག་དོན་གཉིས་ཕུན་སུན་ཚོགས། །

方便勝慧止觀雙運故　暫時究竟二事達圓滿

如果按照前面三種無妄念的方式，好好努力觀修，慢慢地，首先會產生眼通。我們現在往前面望過去，眼前的、近的看得到，遠

的、後面的就看不到了；將來得到眼通時，現在眼睛看不到的，全部能夠看到了，會得到這樣的一個能力。

還有能得到神通，就是一些法我們現在不能夠知道，不能夠了解，那個時候也能夠知道。再來，等持，神變的功德、變化的能力，也會得到。再來是方便和勝慧雙運、安止和勝觀雙運，這種證悟也會產生。

這些證悟產生的時候，在暫時方面的功德，眼通、神通、等持都會得到，逐漸地就會得到究竟的佛果，究竟的果位就會現前。那時候，己事也會徹底圓滿，他事也會徹底圓滿。

結行的次第

第三品的主要大綱有三項，就是前行的次第、正行的次第和結行的次第。現在說明結行的次第，其中再分成四項說明。

གསུམ་པ་རྗེས་ཀྱི་ཆོས་ལ་རྣམ་པ་བཞི། །ཉམས་དང་བོགས་འབྱིན་རྟོགས་པ་འབྲས་བུའོ། །
第三結行之法分四項　覺受猛晉證悟與果矣

ཉམས་ལ་གཉིས་ལས་སྐྱོན་མེད་སྤྱར་བསྟན་པ་ལ། །སྐྱོན་ཅན་སོ་སོའི་འཛིན་ཞེན་ལས་བྱུང་བ། །
覺受二中無過前已述　有過各各執耽所由出

བདེ་ཆགས་གསལ་ཆགས་མི་རྟོག་ཆགས་པ་དང་། །མཐར་འཛིན་ཞེན་རྟོག་དུག་དང་འཛེས་པ་གསུམ། །
貪樂貪明及貪無妄念　邊執耽妄混合毒者三

བདེ་གོག་ཁམས་འཛག་འདོད་ཆགས་རང་བ་དང་། །བྱིང་མི་དགའ་དང་བྱིང་བ་ཤས་ཆེ་དང་། །
倒樂界漏普通之欲貪　内心不喜沈沒爲強烈

　　結行的階段分成四項，覺受、猛晉（突飛猛晉）、證悟和果位。第一項，如何產生覺受，覺受生起的情況是什麼？第二項，功德產生之後，如何讓功德突飛猛晉？第三項，功德已經突飛猛晉後，證悟會產生，是如何產生的？第四項，證悟後會得到一個果，那個果位是什麼，能夠獲得什麼果位？

一、覺受

　　第一項覺受，我這樣修之後，覺受如何出現？覺受產生的情況分成兩種類型，一是良好的覺受，一是劣等的覺受。

　　首先，良好的覺受。前面講到以安樂的方式修安止時，會產生什麼覺受？以明晰的方式修安止時，會產生什麼覺受？以無妄念的方式修安止時，會產生什麼覺受？全部講過了，那些段落所談到的覺受都是良好的覺受。

　　現在這裡要講的是劣等的、有問題的覺受。當在觀修安止時，內心產生安樂的感受，對這個安樂的感受產生貪戀。例如：「原來內心的實相就是樂空的本質，真的是這樣啊！」對這點又產生了執著。或者是：「我現在觀修的這個安止，原來它是樂空的本質，非常殊勝，除此之外沒有其他的道路！」又產生這種想法。這是對實修覺得自滿，得少為足，之後就不會進步。

　　再來，有時候安樂的覺受產生時，把安樂和貪戀混雜在一起，變成和凡庸俗子一模一樣的貪戀之心。這樣，自己的明點在無意間就會漏失，當明點漏失的時候，又覺得：「哎呀，我是不是生病了呢？我是不是遇到邪崇障礙的干擾呢？」因此內心不高興不快樂；

或者是有的時候修法修一修，就覺得意志消沈，心情非常壞；或者是有時候修法之後，貪戀之心比沒修法之前更加嚴重，這時會覺得自己這個觀修修得不好。

　　仔細分析以上這些狀況，實際上都是觀修安止的時候內心會產生的功德和覺受，但是對這點不能夠認識，不能夠了解，導致認為：我這個安止的觀修修得實在不好，大概我沒有能力，可能我不適合實修，算了，還是放棄吧！因此退縮、意志消沈、心情沮喪，最後徹底放棄實修。

　　但是仔細分析，這些覺受其實是實修安止會產生的一種功德，並不是壞事，這點應該認識清楚。

གསལ་ལོག་རླུང་ཆོད་ཞི་སྡུང་རང་ག་དང་། །རྣམ་རྟོག་རགས་དང་ཆོད་དང་འཕྲོ་ཤས་ཆེ། །
倒明氣狂普通之瞋恚　　妄念粗糙掉舉放射多

མི་རྟོག་ལོག་པ་གཏི་མུག་རང་ག་དང་། །སེམས་བྱིང་གཉིད་རྒྱགས་ཆེ་དང་འདུ་ཤེས་མེད། །
顛倒無妄普通之愚癡　　心沈睡瞶重且成無想

དེ་ལྟར་མཐུན་དང་ལོག་པའི་སྒྱུར་ཆན་རྣམས། །གང་བྱུང་ངོས་གཟུང་གཉེན་པོས་བཅོས་པར་བྱ། །
隨順如前諸顛倒過者　　認定所出對治行調整

　　前面談到的是依於安樂的方式觀修安止時，產生的劣等覺受是什麼；接著講依於明晰的方式觀修安止時，產生的劣等覺受是什麼；還有，依於無妄念的方式觀修安止時，產生的劣等覺受是什麼。

　　用明晰的方式觀修安止時，什麼是比較劣等的覺受呢？就是對

這個明晰的覺受產生了強烈的貪戀之心。例如對於：「原來我內心的實相就是明分空分的本質，喔！它真的是這樣！」產生強烈的執著；或是認為：「哇！這個道路多麼殊勝，這是最好的，其他的道路都不好！」又產生了一種執著。或者是有時候不像一個修行人，像一個凡夫俗子，內心不由自主就勃然大怒，瞋恨立刻產生，比實修之前更加強烈；或者是有時候內心妄念紛飛，念頭多得不得了；或者是有時候呼吸很困難，氣非常短促，好像沒有氣；或者是有時候因為身體裡呼吸的氣息不通暢，導致許多疾病發生；或者是有時候在自己家裡修法的場所待不住，一直要往外面跑，這種覺受也會出現。

　　其實這些都是修法時會產生的覺受，應當要有這種認識，假設認識不清，就會把產生的這些覺受當作：「這是一個障礙啊！」「我不能夠好好實修，這很糟糕，我修得不好，這是障礙！」因此對法的信心喪失，對上師的信心也喪失，這種情況都會發生。

　　其次，依於無妄念而修安止時，會有什麼劣等的覺受產生呢？就是無妄念的覺受產生時，對這個境界產生強烈的貪戀之心。例如：「喔！原來內心實相的本質就是無妄念啊！」對這點產生了執著；或是覺得：「這個是最好最殊勝的道路，其他道路都不好，沒有用！」產生了這種執著；或是隨時隨地心裡總是緊緊想著：「這些都是空性啊！」這種執著之心很強烈。或者是有時候不像是一個行者，像一般的凡夫俗子，愚癡之心非常嚴重，力量非常強烈；或者是莫名其妙突然間意志消沈沮喪；或者是修法時，有一些天眼通、神通出現，但突然間這些能力消散得無影無蹤，全部都沒有

了。這些覺受都會出現。

　　一般來講，這些是劣等的覺受，當劣等的覺受出現時，書中有開示調整的方式，應當按照所開示的方式，把這些覺受好好地改造、調整。那麼，該如何進行調整呢？

　　任何的覺受產生時，任何的障礙出現時，唯一的口訣，歸納起來就是這個方式：分析這個覺受或障礙，最初它是從什麼地方來？中間它存在於什麼地方？最後它往什麼地方去？從入、住、出三者仔細做一個分析。

　　或者是當覺受、障礙產生時，誠懇地祈請上師，對上師觀修信心，對一切眾生觀修悲心。如果好好這樣做，所有劣等的覺受一定會轉變成為善緣、助緣，所有的障礙都能夠轉變為成就，這種例子世間也很多。

　　因此，當覺受出現的時候，一定要了解：「這是我在修安止的過程當中暫時會出現的覺受和功德。」如果有這種認識，那就很好。或者，當內心覺得快樂的時候，要知道這個就是內心的實相，它不是離開內心實相之外的；內心遇到痛苦的時候，也要認識這個就是內心的實相，它不是離開內心實相之外的。無論是遇到順境、逆境、高興、痛苦的時候，心裡總是要想這個就是在內心實相之中，它不是離開內心實相之外。要有這種認識，無論何時，總是專一安住在內心的實相之中。這樣的話，不管產生什麼覺受，不管產生什麼障礙，都不會造成任何傷害。

　　大遍智龍欽巴尊者，就是一心專注在自己內心的實相上，時時不離開，這樣做禪修，因此一輩子非常快樂。而且藉由用這個方式

可以排除一切邪祟干擾，可以排除一切障礙，而且善根不斷增長增廣，直到徹底究竟。所以龍欽巴尊者開示：「喔！我是這樣做的，非常地好，因此，大家好好努力實修吧！」

二、猛晉

བོགས་འབྱིན་ཉམས་བཅོས་ཐབས་དང་གོང་དུ་སྤེལ། །ཉམས་བཅོས་པ་ཡང་རྣམ་པ་གསུམ་ཞིག་དེ། །
猛晉調整覺受方增上　　調整覺受亦且有三項

རབ་ཀྱིས་ལྟ་བས་བཅོས་ཏེ་ཆོས་རྣམས་ཀུན། །བློ་བཏགས་སྒྱུ་འདྲ་ངོ་བོ་ངོས་གཟུང་མེད། །
上者以見調整於萬法　　心設如幻本質無認定

ཕྱམ་གཅིག་མཁའ་འདྲ་སྙེམས་བྲལ་རང་ཉོ་སྟོང་། །འཛིན་ཞེན་མེད་པའི་ངང་དེར་ལ་བརྟནོ། །
平等如空離傲己爲空　　於彼無執無耽狀確定

གོལ་སྒྲིབ་ཉམས་དེ་གནས་ལུགས་ཆེན་པོར་འཆར། །བར་ཆད་དགེ་བསྐུལ་རྐྱེན་ངན་བྱང་ཆུབ་གྲོགས། །
離岔蓋障出現大實相　　障礙勸善逆緣助菩提

གཞི་བདེའི་སྟེང་དུ་བློ་བདེ་རྒྱུན་མི་འཆད། །
基樂之上心樂不中斷

前面談到，障礙出現時也好，劣等的覺受出現時也好，都要有一個口訣，進行調整，之後自己安止方面的功德才會不斷增長，突飛猛晉，這個部分要好好努力。

但是要怎麼排除障礙，調整劣等的覺受呢？有三項方式能夠達到突飛猛晉。其中，上等根器者以見地的方式排除障礙而達到進步，中等根器者以觀修的方式排除障礙而達到進步，末等根器者則是以行持的方式排除障礙而達到進步。

第一項：以見地的方式

如果是上等根器者，以見地方面的證悟排除這些劣等的覺受。首先要了解，無論如何，一切的法都是自性不能夠成立，覺受出現時，它也是自性不能夠成立。自性不能夠成立的比喻，就像是魔術師變出來的幻相。譬如魔術師唸誦咒語，靠著道具，就是幾顆小石頭，變出一個女子，不管是美麗或醜陋，實際上都只是變出來騙人而已，就算是美女也是自性不能夠成立，就算是醜女也是自性不能夠成立。美和不美這二者都是我們內心的施設，實際上不能夠成立，因此不能夠去認定它。

如果仔細觀察分析，所謂的美女，其實是由一個變化的基礎，也就是小石頭，變出來的，所以最後它的基礎在哪裡？小石頭；而醜陋的女生，實際上變化的基礎在哪裡？還是在那顆小石頭。所以最後存在的只有小石頭，美女和醜女二者都是自性不能夠成立，二者都只是我們內心的虛構所形成的，二者都像天空一樣，所謂的天空只是我們嘴巴上說說而已，因為天空不能夠去認定它，而且自性不能夠成立。因此這些覺受產生時，就像天空一樣本然為空，因為本然為空，沒有任何的執著，沒有任何的耽著。這是在見地的證悟之下，非常堅決確定。

良好的覺受出現時，本然為空嘛，像天空一樣，它的本質是自性不能夠成立；劣等的覺受出現時，也是本然為空，像天空一樣，好像魔術師的幻相一樣。對這一點要非常堅決確定。

佛陀曾經再三開示：一切萬法都如夢似幻，如果有比佛陀的果位更加殊勝的法，也要了解這個法本身是自性不能夠成立，也是如

夢似幻，應該要這樣了解；如果是這樣，那佛果本身也是如夢似幻，其他根本不用再說了。除此之外，當我們做迴向的時候，也應該安住在萬法都如夢似幻這個了悟之下，所要迴向的對象眾生，我們用來迴向的善根，這一切全部都如夢似幻，在三輪體空、如夢似幻之下進行迴向。

我們凡夫俗子，上輩子都累積了很多善業和不善業，因此，現在所出現的景象各種各樣都有，有好有壞，這些景象全部都是由業力所顯現出來的，稱為「業力的幻相」。凡庸眾生所看到的這些景象都是如夢似幻，可是這些幻相如何出現的？是由於上輩子自己所累積的善業、不善業，因此出現好好壞壞這一切的幻相。

假設是瑜伽士，努力精進實修，也會產生很多覺受，各種覺受都會出現，上等的覺受也好、劣等的覺受也好，這是瑜伽士經由自己的實修而出現的覺受，稱為「覺受的幻相」。

假設是諸佛菩薩，那無論在什麼情況、在什麼時間，只有清淨所顯，一切所顯為清淨浩瀚，根本不可能出現不清淨的景象、不清淨的所顯，這個時候稱為「清淨的幻相」。

實際做一個分析，就眾生的所顯，雖然是業力幻相，它仍然是如夢似幻；就瑜伽士看到的景象而言，雖然是覺受的幻相，它還是如夢似幻；就佛菩薩而言，所看到的一切當然完全純粹，是清淨的幻相，不過它還是如夢似幻。這三者，自性不能夠成立且如夢似幻這點完全一樣，毫無差別。

我們現在做生起次第、圓滿次第的觀修，要安住在一切萬法自性不能夠成立、如夢似幻，在這個見地之下修本尊的身體，叫作

「顯空幻相」。本尊的身體顯現出來，當然是空性，所以這是顯空的幻相，或者是空色的幻相，因爲它是空性。不過空性要示現成爲一個形體可以看得到，基礎是空性，根據空性本身還要化成一個形相可以看到，所以叫「空色所顯」，空色的幻相，這是在見地方面來講。在證悟見地的情況下，對見地非常堅決確定，之後在這個見地之下，排除劣等的覺受，這是上等者的方式。

　　前面談到的見地，如果不能夠認識，有錯誤的了解，功德就不能夠增長進步。如果能夠安住在這個見地上，那障礙的部分能夠排除，功德增長增廣方面也能夠達成，所以在見地方面的證悟非常重要。

　　見地方面的證悟，簡單來講，就是一切萬法的實相都是自性不能夠成立，一切萬法都本來就是空性。如果內心產生這種證悟，一切障礙都會去除，之後產生的任何覺受，不管是良好的覺受、劣等的覺受，都會變成助緣，都會使功德增長進步。所以在萬法實相方面的證悟，不會有障礙，對於教法、對於上師的信心也不會喪失，不至於發生有時候因爲障礙太多，不能夠克服，而對上師、對教法的信心完全丟掉。

　　如果能夠安住在見地之中，無論何時內心都能夠非常快樂，非常寧靜，非常平穩，絲毫都不會中斷，這是見地會產生的功效。

　　現在很多學習佛法的弟子對這個見地的部分不能夠了解，常常很多想法顛倒錯誤，沒有正確的想法。有一些人說：「我學習佛法之後，生意就不好，我失去了很多財富。」或是說：「我學了密咒乘門之後，開始生很多病，生意開始賠本。」也有人說：「我在閉

關時，修安止時，妄念紛飛比以前更加嚴重，而且內心還更不快樂，以前都不會這樣。」

這些想法根本都錯了，為什麼呢？一定要了解業力因果的道理，善的業生出快樂的果，不善的業生出痛苦的果。我們現在所遇到的快樂或痛苦，這是果報，這個果報是以前一定有善的業或者不善的業，現在生出來；除此之外，是我這輩子做了這個事情生出這個果，這輩子做了那個事情生出那個果，是不太可能的。佛陀也曾經開示過，現在造的業立刻生出果報，那幾乎根本就不可能。

一般提到善的業或者是不善的業生出果的情形，例如在這一天裡，我造作了力量非常強大的善業，之後我造作不善業的力量非常薄弱，也就是說在這一天裡善的力量非常強烈，不善的力量非常薄弱，那它會生出什麼果呢？當然是生出善業的果，快樂的果。為什麼？因為善業的力量非常強大，惡業的力量很薄弱，所以善的果會成熟，生出來的果一定是快樂的果。

假設在一天裡，我做的善業和不善業二者的力量一樣，哪一個果報會先成熟出現呢？先做先成熟，後做後成熟。在這一天裡，假設我是先做不善業，後面才做善業，二者的力量相等，那不善業的果會先出現，善業的果後出現。為什麼？因為先做不善業，後面才做善業。

因此，我們現在做的業，不管它是善業或是不善業，說馬上做它馬上就成熟出現，那如何可能呢？佛陀不是這樣開示的，現在所做的業要看它力量的大小，還要看時間的前後，什麼時候成熟還不知道呢！

　　我們用自己日常生活的經驗推論，就很容易了解。譬如現在這個人殺了一個人，這是嚴重的罪業，難道他的痛苦果報在殺人時馬上出現嗎？不可能。同樣地，現在我造了善業，善業的快樂果報馬上就出現，那也不太可能。

　　所以，現在業已經做了，它的果報何時出現要看時間的長短，還要看業的力量的大小，之後某個時候才會出現果報，而不是我現在做了馬上就出現果報。

　　例如一個基督教的弟子變成佛教徒，之後，開始生意不好，就說佛法不好。其實生意不好，是因為上輩子所造作的不善業，剛好這個時候果報成熟出現，剛好這個時候學習佛法。因此他以為是學習佛法之後生意變不好，其實不是，他產生了誤解，這是不應該的，為什麼呢？

　　凡是基督教的弟子有錢人很多、窮人也很多，因為人以前造的善業不善業都很多；凡是佛教徒的弟子有錢人也有、窮人也有，快樂的人也有、痛苦的人也有。所以，學習佛法的人之中，快樂、痛苦、貧窮、發財的都有；不學習佛法，沒有任何宗教信仰的人也一樣，快樂、痛苦、貧窮、發財的都有。

　　無論有錢還是沒錢，無論快樂還是痛苦，這和宗教、非宗教，基督教、佛教沒有什麼關係，因為一切全部都是上輩子的業力所決定。上輩子造作善業，這輩子成熟出快樂的果報；上輩子造作不善業，這輩子成熟出痛苦的果報，一定是這樣的。因此，若自己有痛苦或快樂的果報出現，不是因為我今天開始閉關，我今天開始修安止，才產生痛苦或快樂的果報，這是絕對不可能的。

　　因此，當我現在閉關或者是修安止，產生了不好的覺受，一定要了解這個不好的覺受產生的因是上輩子我所累積的不善業，因已經存在了。現在閉關實修，只是引發刺激它的一個助緣，僅僅只是一個助緣而已，實際上真正的因是上輩子自己已經累積的業。

　　也就是說，假設現在實修時，完全沒有出現善的覺受、好的覺受，純粹都出現劣等的覺受，這時就要了解，是因為自己上輩子造作累積的善業比較少，都是不善的因，因此，現在才成熟出劣等的覺受。

　　假設現在實修時，產生的全部都是良好的覺受，沒有劣等的覺受，那就要知道，是因為上輩子累積的福德非常深厚，沒有累積什麼不善業，因此現在修法，當然產生的都是好的覺受，沒有產生不好的覺受。

　　所以一定要了解業力因果，是上輩子所累積的善業和不善業成熟出現在快樂的果報、痛苦的果報，不可能我現在做實修，好的果報、壞的果報馬上就出現，這種想法完全錯誤。這輩子做一些實修也好，做一些努力也好，只能說是一些外緣，外緣能得到一點點改變，這有可能，但是不可能大幅度改變，因為上輩子善和不善的因已經存在了，大致上不能很大程度的改變。我這輩子所做的努力，用一些外緣可以做一些小幅度的調整，但是主因，因為上輩子已經存在，要做一個翻天覆地的改變，是不可能的。

第二項：以觀修的方式

　　以上是覺受出現的時候，上等根器者用見地的方式做一個調

整。接著說明中等根器者用觀修的方式進行調整，其中又分成總體的方式及個別的方式。

འབྱིང་གྱིས་སྐྱོམ་པས་བཅོས་ཏེ་དྭངས་ཕྱུང་ལ། །ཤེས་པ་འཁྲུར་ལ་ཐེབས་ཤིང་དྲན་པས་གཟུང་། །
中者以修調整出清澈　心識平穩且憶念攝持

མ་ཡེངས་བདེ་གསལ་མི་རྟོག་དང་ལ་གཞག །ཡེངས་དང་འཁྲུར་ལ་མ་ཐེབས་སྐྱོན་ཡིན་པས། །
莫散置於樂明無妄念　渙散而不平穩是過故

སྐད་ཅིག་མ་ཡེངས་དང་ལ་གཞག་པ་གཅེས། །
重視刹那莫散置狀中

首先談總體的方式。一位瑜伽士在進行實修時，不論出現的是什麼樣的覺受，不論是好是壞，調整的方式就是繼續觀修，內心絲毫都沒散亂。也就是對於自己所緣的對境，仍然專一專注，持續觀修，這非常重要。想辦法讓妄念不產生，之後一心安住在自己的所緣對境上，自己修的是樂、明或無妄念其中哪個方式，便一心專注在那個觀修上。

總而言之，一心專注在自己的所修上，心思完全沒有散亂沒有離開。如果這樣，自己的實修覺受出現時，不會形成障礙，也不會被覺受所控制，自己的觀修就會持續不斷進步。

譬如洗澡時，如果不小心一小滴水跑進耳朵裡，要讓這個水出來非常困難，因為只有一小滴。能用的方式就是再多幾滴水進到耳朵裡，搖一搖後水就全部搖出來了，連原來的那一小滴水也會搖出來。

因此，當觀修產生障礙的時候，應當一心專注在所緣對境上，持續做實修，如果這樣，問題自然會排除。這是中等者產生覺受時、形成障礙時調整的方式。

前面談到的是總體，再來是針對各種不同的個別情況而言，應該怎麼調整呢？五個句子。

ཁམས་འཛག་པ་ལ་རྡོ་རྗེའི་ཕུབ་པ་ནི། །ཧཱུྃ་ལས་མེ་འབར་ཤུལ་ནང་ཁམས་ཀུན་བསྲེགས། །
界漏之時於之金剛瓶　　吽火熾烈盡焚身內界

ཅི་ཡང་མེད་པའི་དང་ལ་བསྟིམས་པར་སེམ། །གང་འཇག་གདོན་འཇག་གང་ཡང་གནད་འདི་ཟབ། །
觀修任皆無狀則排除　　任於病漏魔漏此要深

བདེ་ལ་འཛིན་པ་བཤིག་ནས་སྟོང་པར་བསྒོམས། །
破壞執樂之後而觀空

接著談到個別的情況。當做禪修時，有時候在不適當的時間裡，明點會流失，如果遇到這種障礙如何克服呢？

在密輪處觀想一個藍黑色的ཧཱུྃ吽字，由藍黑色的ཧཱུྃ吽字放出本智的烈火，燃燒身體之中的明點，將明點燃燒窮盡，之後安住在空性之中，靜坐片刻。以這個方式能夠排除明點流失的障礙。

這個觀修的方式，一般來講，對身體各種疾病有很大的幫助，除此之外，對於非人、魔鬼邪祟的傷害阻礙，也有很大的幫助。這是屬於甚深的口訣。

前面談到，有時候自己禪修安止，引發快樂的覺受產生時，會貪戀耽著，這個時候也是立刻觀修這個安樂，觀修自己對安樂的執

著，把它去除，安樂也消失不見。安樂消失不見的意思是指安樂本
然就是自性不能夠成立，它本然就是空性。之後專一安住在安樂產
生之處，思維安樂本身自性不能夠成立，它本然就是空性，在空性
之中靜坐片刻，這也是一種對治的方式。

འདོད་ཆགས་རང་གའི་ཤེས་ལ་ཆེར་བལྟས་ཏེ། །བཅོས་བསྒྱུད་རེ་དོགས་མེད་པའི་ངང་བཞག་པས། །
大大瞪看普通欲貪心　　置於調整期疑皆無狀

འདོད་ཆགས་རང་གྲོལ་བདེ་སྟོང་ཡེ་ཤེས་འཆར། །སྙིང་མི་དགའ་བ་ཐིག་ལེ་ཉམས་པའི་སྐྱོན། །
欲貪自解樂空本智現　　內心不喜明點衰損過

དེ་ལ་འབར་འཛག་བདེ་བའི་བསམ་གཏན་བསྒོམ། །
於之觀修燃滴樂靜慮

又有時候自己禪修時，會像一般凡夫俗子，內心的確產生貪戀
之心，在這個時候，如何排除這種阻礙呢？方法之一就是專注在內
心的實相上進行觀修。

專注在內心實相上進行觀修時，內心不會產生任何的期望，也
不會產生任何的懷疑和猶豫不決。如此專注而觀修，逐漸地，貪戀
之心就能排除，貪戀之心消失的時候，樂空的本智也會因此而出
現。

又有時候自己實修時，內心也會陷入不快樂、灰心沮喪，就是
現代的憂鬱症，這種例子很多。現代憂鬱症產生的原因之一，就是
自己身體裡的明點衰損。對治的方式也是一樣，觀想前面談到的藍
黑色ྂ吽字，放出本智烈火，將身體的明點燃燒窮盡，之後在無的

空性之中，靜坐片刻。透過這個觀修方式，可以排除障礙。

ཐྱིང་ཤས་ཆེན་དྲགས་སྟེགས་མ་ཕྱེད་སྐྱོན། །དེ་ལ་ལུས་གནད་དྲང་པོར་འདུག་བྱས་ལས། །

沈沒嚴重不分清濁過　　於之身要端直正坐後

ཁ་སྦྱར་ཆུང་བཟུང་སྟེང་ནད་འོད་ཀྱི་ཟེགས། །སྣང་སྲིད་འོད་ཟེགས་གསལ་སྒོང་བསྒོམས་པས་གྲོལ། །

持相合氣毫光滿心間　　光滿顯有修明空解除

　　禪修的時候，有時好像沒有產生什麼妄念，但是內心沈重，沒有力量。這是因為對於觀修的功德以及觀修的過失，不能夠分辨清楚，因此導致這種情況。

　　對治的方式，這個時候應當具足金剛跏趺坐，或者是毗盧七支坐，坐好之後，要做閉氣實修，形成相合氣。相合氣就是在肚臍以下，丹田的位置，把下端的氣緊閉，上端的氣往下壓，變成一個相合氣，這時候要閉氣。閉氣之後觀想心坎中間的五光明點，射出五色祥光，慢慢充滿自己的身體，不僅如此，還充滿了房子裡面，充滿了房子外面，最後五色祥光遍佈在整個世界。如果這樣好好觀想，內心沈重無力的這種障礙就會去除。

　　前面談到的是透過安樂修安止，覺受產生時形成的障礙，如何調整？接著談透過明晰的方式修安止，覺受產生時如果形成障礙，排除的方式是什麼？

གསལ་འཛིན་ཉམས་ལ་འཛིན་མེད་ཆེར་པོར་སྦྱོང་། །གསལ་འཛིན་རྒྱགས་ན་དྭངས་གསལ་སེམས་བསྐྱིམ་ཞིང་། །

執明覺受則習大無執　　執明若昏觀修清明心

ཆད་ཅིང་འཕྲོ་ན་མིག་བཙུམས་སྙིང་ནང་དུ། །འོད་དང་ཡི་གེ་པདྨ་རལ་གྲི་འམ། །

掉舉放射合目於心間　觀想毫光文字蓮花劍

རྒྱ་གྲམ་བསྐོམས་པ་ཇེ་དམའ་ཇེ་དམའ་ལམས། །སྙིང་གི་ནན་ནས་ཁུང་ཐག་ཇེ་རིང་སོང་། །

或十字杵徐徐下降後　由心間處繫線漸遠去

འོག་གཞི་གསེར་གྱི་ས་གཞིར་བབ་པར་བསྐོམ། །དེས་ནི་མི་སེལ་མི་སྲིད་ངེས་པའི་གནད། །

觀其降至黃金地基上　彼則無不消除決定要

ཞེ་སྡང་རང་ག་འཕོས་ཐོག་ཙ་ནེ་གཞག །གསལ་སྟོང་མེ་ལོང་ཡེ་ཤེས་ངང་དུ་གྲོལ། །

普通瞋恚出時平穩置　明空圓鏡智狀中解脫

　　透過明晰的方式觀修安止，前面談到，對於安止這個明分的功德覺受等，產生了貪戀耽著時，應當去除執著，去除貪戀，安住在空性之中，觀修空性，這個執著的障礙就能夠去除。

　　或者是觀修明晰時，有時內心會產生愚癡，或是內心會沈重昏暗。調整的方式是觀想心坎中間的五色光點，這個五色光點像前面一樣照射身體之內，照射身體之外，最後照射整個世界。這樣觀修也會排除愚癡的障礙。

　　或者是透過明晰修安止時，有時候妄念紛飛非常嚴重，比以前更多妄想。這時候應當把眼睛閉起來，然後觀想心坎中間五光的明點；或者是文字ཨ阿字、ཧྲཱི啥字都可以；或者是觀想五方佛任何一尊佛的法器，蓮花、寶劍、十字金剛杵或珍寶等，就自己的習慣及喜好，任何一種都可以。

　　假設是觀想心坎中間一個光點，就觀想再出現一個光點，再出現一個光點，連著從心坎中間往肚子底下，好像一條線串在一起，

像一串珍珠，之後這個線要觸及到大地，非常堅固。如果這樣觀想，妄念障礙就會去除。

如果是觀想文字，譬如ཨ阿字，射出一個ཨ阿字，底下又連一個ཨ阿字，底下又連一個ཨ阿字，好像繩索串起來，一直連到地上，串在一起。

或者是觀想蓮花，一朵蓮花又一朵蓮花，全部連在一起，像一條繩子一樣，也是觸及大地。

一樣的道理，寶劍也好，十字杵也好，珍寶也好，任何的法器都可以。這樣觀想，一定能把障礙去除。

「普通瞋恚出時平穩置，明空圓鏡智狀中解脫」，是指禪修的時候，有時候憤怒會產生，這時，應當一心看著自己怒氣的本質，內心不要產生其他妄念，只有這個憤怒之氣，一心專注安住在這個憤怒之氣上，好好地看著。如果這樣做，怒氣會消散，之後，明空大圓鏡智的功德在內心也會出現。

再來是觀修無妄念。以無妄念修安止的時候，如果出現障礙，如何排除？排除的口訣是什麼？

མི་རྟོག་དང་འཆར་འཛིན་མེད་གནད་ཀྱིས་སྦྱང་། །གཏི་མུག་སེམས་དེ་ངོས་གཟུང་ཆེར་ཀྱིས་བཅུག །
無妄狀現無執要練習　瞪瞪觀察認彼愚癡心

སྐད་ཅིག་རང་གྲོལ་ཆོས་དབྱིངས་ཡེ་ཤེས་འཆར། །ཁྱིང་ཞིང་རྨུགས་ཏེ་འདུ་ཤེས་མེད་པ་ན། །
剎那自解法界本智現　沈且昏瞶之後無想時

སྤྱིང་ནས་འོད་བསྐྱེམས་ཚངས་བུག་ནས་འཛིན་ཏེ། །གཟུག་གང་ཚམ་གྱི་ནམ་མཁར་ཕྱིང་ངེ་གནས། །
觀由心間毫光出梵穴　約一弓許天空懸空住

འདི་ནི་ཡང་ཟབ་གནད་ཀྱི་གདམས་པ་ཡིན། །

此者更深關要之教誡

　　透過無妄念觀修時，有時候和前面一樣，覺受出現時，對無妄念的覺受產生貪戀、執著、耽著。這時應當觀察這個執著本身是空性，安住在空性之中觀修，就可以把這個執著去除。

　　或者是有時候觀修無妄念時，觀修的力量很強烈，因此無妄念的力量也非常強烈，往往轉變成愚癡的性質。這個時候要認識這是一個愚癡的狀態，之後分析這個愚癡的狀態，專一安住在這個愚癡上，剎那之中這個愚癡會消散，會解脫轉變成法界體性智。

　　或者是有時候觀修無妄念時，內心會變成很虛弱，也就是明分的功德絲毫都沒有出現，而且內心變得不能夠思維，好像陷入黑暗中。當這種障礙出現時，應當觀想心坎中間一個五光明點，慢慢往上浮動，最後從梵穴射出去，在頭頂上大概一個弓的距離，或者是一個伸臂量（兩隻手伸開來的距離），就停在那裡，一心專注在這個五光明點上。這樣，慢慢地這個無妄念所形成的障礙也會去除，這是一個甚深的口訣。

ཕྱིར་ནི་གང་ལའང་འཛིན་མེད་གནད་དུ་ཆེ། །དེ་དོགས་ཐལ་ན་གེགས་རྣམས་ཀུན་ལས་གྲོལ། །

總之任皆無執極至要　　若離期疑阻障盡解脫

སྟོང་གསལ་སེམས་ཉིད་དྭངས་པའི་ངང་ཉིད་དུ། །བློ་ཡི་རྣམ་པ་སྤྲོ་བསྡུ་མེད་པར་གཞག །

於之空明心性清澈狀　　置於內心無放無收狀

 गེགས་དང་སྤང་བྱའི་འཕང་ལས་གྲོལ་བར་ངེས། །

定能解脫阻礙應斷隘

　　總而言之，任何情況出現時，不管是功德還是過失，應當對這一切都沒有貪戀，沒有執著，沒有耽著，在此情況下，繼續安住，這點非常重要。

　　因為如果沒有任何執著和貪戀，對「我要產生很多的功德，我要有很多的優點，我要不斷地進步」這種期望之心就不會存在；對「會不會有問題產生？會不會退步？會不會有障礙出現？」這種疑慮之心也不會存在。假設沒有任何期望，也沒有任何疑慮存在，那不管大大小小任何障礙都不會造成干擾，不會造成傷害，一定會從任何障礙之中解脫，所有障礙自然就能排除。

　　或者是說，功德也好，過失也好，任何情況出現時，應當思維分析，無論是功德還是過失，其實本然都自性不能夠成立，本然就是空性，是在空性之中顯現出這種樣子，只是這樣而已，因此繼續安住在自己明空雙運的內心實相的狀態之中。若能專一而安住，沒有任何妄念出現，障礙也會自然消失。

　　所以最為重要之處，是內心不要產生執著、耽著、貪戀，不要產生熱切期望的追求，也沒有任何的驚懼、疑慮。如果這些都沒有，那任何障礙一定都可以排除，這是必然的。

　　應當好好想一想，如果順緣出現了，譬如好的覺受，是因為我上輩子累積的善根，前面的因已經累積了，當然現在的果就會出現。同樣道理，如果出現了逆緣，出現障礙時，也要了解，是因為

自己以前所累積的不善業，以前的因已經累積，現在當然必定要出現果，這是肯定的。

因為自己上輩子累積的善因或不善因，現在才會形成順緣或逆緣。假設上輩子這些善因和不善因都沒有累積，那當然這輩子順緣也沒有，逆緣也沒有，全部都沒有。

因此，當順緣產生的時候，不要產生貪戀執著；當逆緣產生的時候，也不要疑慮它會形成自己的障礙，會傷害自己。應當觀修空性，安住在空性之中。只要能好好觀修，這些障礙便都能夠排除。

總而言之，不管是輪迴的部分也好，涅槃的部分也好，順境也好，逆境也好，好的和壞的任何部分，應當都是我內心實相的本質。這一切，其實它本然都自性不能夠成立，在自性不能夠成立的空性之中而顯現出來，所以應當還是我內心的實相，是屬於我內心實相的本質，沒有超出內心的實相，不是外面的。因此，應當專一安住在內心的實相上做觀修，無論任何障礙都一定能夠排除。

實修練習 III

接著，我們要再做一些觀修。觀修前，先把前面講過的觀想內容、所緣對境等，再次做一些說明，之後才開始觀修。

觀想的內容分為前行次第和正行次第。正行次第部分，觀修安止的時候，以安樂的方式觀修安止，所緣的內容有三種不同的方式。第一，具足毘盧七支坐法，端正而坐；接著從密輪到頂輪梵穴的位置觀想中脈；在臍輪這個地方，

還有左右脈，三脈像三根大柱子，一直通到梵穴，如此觀想三脈。

三脈觀想完畢後，中脈慢慢地擴大，擴大到和整個身體一樣，換句話說，整個身體就是中脈。這個時候身體裡的血肉骨、左脈右脈，全部消失不見，只有中脈，中脈和身體一樣大小，這樣一心專注觀想。

在《禪定休息論》裡談到中脈是藍色，非常薄，清澈光亮，而且非常直，具足這四大特色。之後左脈和右脈，如果是男生，右脈是白色，左脈是紅色；如果是女生，右脈是紅色，左脈是白色。按照這個方式觀想。

第一個觀想的方式，最主要是中脈所具有的功德，能夠引發出來的一個觀修方式。我們要按照第一個觀想方式，稍微靜坐片刻。

第二，由觀修安止引發安樂的功德，第二個口訣是觀想身體三脈都非常直，像柱子一樣；之後，頂輪大樂輪32個細脈，像傘撐開蓋下來的樣子；喉嚨受用輪16個細脈，像傘翻轉向上；心間法輪8個細脈，覆蓋下來像傘蓋著；臍輪變化輪64個細脈，像傘翻過來向上面。如此觀想完畢後，再觀想中脈裡，臍輪的位置有個ཨ阿字，紅色；頂輪的位置有個ཧྃ杭字，白色；心坎中間有個ཧཱུྃ邦字，淡青色。接著觀想臍輪的ཨ阿字放出熊熊烈火，溫暖的熱氣一直向上傳到ཧྃ杭字，ཧྃ杭字受到熱氣影響，慢慢滴下明點，之後明點充滿頂輪大樂輪32個脈瓣、喉嚨受用輪16個脈瓣、心

間法輪8個脈瓣、臍輪變化輪64個脈瓣，整個身體全部遍佈明點，充滿甘露，這樣專一安住觀想。之後，甘露要收攝進入ɕ邦字裡。如果經常這樣觀想，一定會產生內心安樂的功德。

第三，樂空雙運的功德要在內心產生，它的口訣，專一安住觀修前面談到心坎中間淡青色的ɕ邦字，之後這個淡青色的ɕ邦字，應該像半個拇指頭一吋的大小，逐漸縮小，縮小到無所緣取，消散到無影無蹤，靜坐片刻。

之後再觀想，心坎中間又出現一個ɕ邦字，淡青色，也是一吋，半個拇指頭的大小，又再逐漸地縮小，到無所緣取而消散，靜坐片刻。

之後又再觀想一次，就是這個一吋大小的ɕ邦字又出現，在心坎中間，之後又再逐漸地縮小。

這樣反覆觀想反覆觀想，自自然然，樂空雙運的功德在內心一定會產生。

（實修）

在中心上課時，我們所做的禪修，時間都非常短暫，只靠這短暫的禪修時間，要產生內心安止的功德當然很困難，也不太可能。不過上課時，教導大家實修的目的，是要讓大家對觀修的內容和方法徹底明白了解，最重要的是回家後要經常反覆練習。如果在自己家裡努力精進，把安止的功德如何產生的這些口訣，經常反覆實修，長久精進實修，必定會在內心產生功德。

第三項：以行持的方式

ཐ་མས་སྤྱོད་པས་བཅོས་པའི་རིམ་པ་ཡང་། །ལྟ་སྟངས་རྫས་དང་རྟེན་འབྲེལ་གསུམ་ཞིག་ལས། །

末根行持調整之次第　亦有看姿物品緣起三

　　如果是末等根器者，用行持調整而排除障礙的方式有三種，第一種是靠身體的坐姿及眼睛看的方式等；第二種用各種物質排除障礙；第三種靠著緣起的方式排除障礙。

　　三種方式中的第一種，身體的坐姿及眼睛看的方式等，方法如下：

སྐྱིལ་ཡེ་ལྟ་སྟངས་རྣམ་སྣང་ཆོས་བདུན་ཏེ། །སྐྱིལ་ཀྱུང་མིག་མི་འགུལ་དང་རླུང་དལ་དང་། །

總體看姿毗盧七法也　跏趺眼睛不動氣徐緩

མཉམ་གཞག་མགྲིན་པ་ཀྱུག་དང་ལྗེ་ཆེ་ཀན། །ལྟ་ཆེར་མིག་པར་བལྟ་བས་རླུང་སེམས་སྙོམས། །

定印喉略內縮舌抵顎　眼落鼻尖看故氣心均

བྱིང་རྨོད་མེད་ཅིང་མ་ནོར་བསམ་གཏན་སྐྱེ། །འདི་ལྟར་སྐྱོན་ཀུན་ལུས་གནད་འཁྲུགས་པ་ཡིས། །

無沈無掉不誤生靜慮　如此諸過擾亂身要故

རྩ་འཁྲུགས་རླུང་འཁྲུགས་ཐིག་ལེ་འཁྲུགས་པ་ལས། །འབྱུང་བས་མ་དཀྲུགས་མཉམ་པར་གཞག་པ་གཅེས། །

脈亂氣亂明點亂所出　是故珍重不亂平等住

　　用身體的方式進行排除障礙時，最重要的核心是毗盧七支坐法，應當運用毗盧七支坐法進行等置的觀修，這樣做能夠排除觀修方面遇到的阻礙。

　　毗盧七支坐法的方式有七項要點：第一項，兩隻腳結金剛跏趺

坐姿；第二項，眼珠絲毫不動搖；第三項，呼吸的入和出都完全放輕鬆；第四項，兩隻手結禪定印；第五項，下巴喉嚨要稍微內收；第六項，舌頭抵住上顎；第七項，眼睛視線朝向鼻尖方向。

其他書沒有談到呼吸的入和出完全放輕鬆，也沒有談到眼珠不動搖，所談到的是背脊要直，肩膀要像老鷹的肩膀，稍微放鬆，和此處談到的不一樣。

假設能夠具足這七項，以毗盧七支坐法進行禪修，內心不會耗弱，不會變成無力沈暗，這些過失不會產生；或者是反面的，內心非常亢奮，妄念紛飛等過失也不會出現。這是修安止時正確無誤的方式，如此進行禪修，內心必定會產生安止的功德。

假設不依靠毗盧七支坐法進行禪修，會有什麼問題產生嗎？

古代佛陀的弟子，許多獨覺們，在森林中進行禪修時，有的用躺的姿勢，有的用站立的姿勢，用了各種不同方式禪修，因此內心產生了貪戀、瞋恨、愚癡等煩惱。直到有一天，在森林中看到一隻猴子用毗盧七支坐法的方式坐著，這些獨覺弟子心想：「我們的身體是不是應當以這個方式禪修，才比較正確呢？」因此調整了身體的姿勢，以這種姿勢禪修，之後，內心裡產生安止的功德，也產生勝觀的功德。

因此，當我們進行禪修時，身體的坐姿非常重要，應當要好好地調整，否則，錯誤的方式會導致身體裡的脈錯亂；脈錯亂，氣也會錯亂；氣錯亂，明點也錯亂了。我們身體最重要的根本之處就是脈、氣、明點三者，如果三者都錯亂，那無論如何禪修，都不會產生功德。

　　如果去除禪修上全部的問題，當然能夠排除安止方面的遮蓋、阻礙等。所以要想辦法讓自己身體裡的脈、氣、明點三者不錯亂，而讓脈、氣、明點三者不錯亂的方式就是毗盧七支坐法，所以用毗盧七支坐法禪修，非常重要。

ཡོན་ཏན་ཡང་ནི་རྩ་ཕྱུང་ཐིག་གསུམ་ཉིད། །མི་གཡོ་གནད་དུ་སོང་ལས་འབྱུང་བས་ན། །
功德亦由脈氣明點三　　不動成爲關要而出故

དེ་ཕྱིར་གནད་འདི་རྟོགས་པ་རབ་ཏུ་གཅེས། །འཁྱལ་འཁོར་ལུས་སྦྱོང་གཞན་དང་འདྲ་བ་ལས། །
彼故重視通達此要點　　動輪練身與他者相同

ཁྱད་པར་དལ་འཇམ་མ་འཁྲུགས་གནད་དུ་ཆེ། །འཇམ་ལ་རྩུབ་དང་རྩུབ་ལ་འཇམ་པ་གནས། །
特別緩柔不亂大要點　　柔而粗者粗而柔關要

ཁམས་དང་བསྟུན་པ་ཉིན་ཏུ་གཅེས་པ་ཡིན། །
最極重視應隨順於界

　　在自己內心裡，要產生安止的功德，靠什麼方式呢？就是脈、氣、明點三者不錯亂，而且不能夠衰損。在脈、氣、明點三者不錯亂又不衰損的情況下進行禪修，安止的功德一定會產生。

　　安住在毗盧七支坐法而不動搖，這就是調整身體的關鍵重點，所以俗話說：「身體結緣起，內心生證悟。」內心要產生證悟，它的緣起要靠什麼？要靠身體。以身體結下一個好的緣起，透過這個緣起的幫助，使內心產生證悟。身體要怎樣結一個好的緣起呢？具足毗盧七支坐法。應用毗盧七支坐法，結下一個好的緣起，脈不會錯亂，氣不會錯亂，明點也不會錯亂，因爲三者都不錯亂，內心必

定會產生安止的功德。

因此安止的功德能不能產生，仔細分析，關鍵重點就在脈、氣、明點三者，應當要使三者都不錯亂，這非常重要。

除此之外，有人學過氣脈方面相關的動作，例如氣功、體操，也非常好，運用氣脈方面的動作，按照這個口訣，對禪修也會有很大的幫助。特別是呼吸氣息的柔和、放鬆，尤其重要。如果呼吸太短太過急促，或者是呼吸太用力太粗猛，就不自然了，會導致氣息錯亂，如果氣息錯亂，內心的妄念會很強烈，就不能夠產生安止的功德。

但是有時為了排除呼吸、氣息方面的問題，也可能把非常平緩的呼吸，立刻調整成很強猛。相反地，或者把很強猛的呼吸，立刻調整成很柔和，這都是為了鍛鍊呼吸的力道。

那麼，在什麼樣的狀況之下，對實修的安止才能夠產生幫助呢？要看修行者各自的狀況和根器而定。一定要順著自己身體的健康狀況和條件根器調整，不能因為自己以這種方式實修，效果非常好，就要別人也按照自己的方式做。因為行者每個人的身體狀況不同，根器條件也不同，所以實修時，什麼方式對自己最有幫助，應當順著各自的情況調整。

ཇེ་ཐག་བདེ་ལ་ལག་པ་གྲུ་མོར་བསྐོལ། །མིག་ཐབ་བདེ་ལ་སེམས་གཟུང་གནད་ཡིན་ནོ། །
個別樂者雙手環抱肘　　垂目心持於樂為關要

གསལ་ལ་ལག་གཉིས་པུས་མོའི་སྟེང་དུ་དགབ། །ཆུང་དལ་མིག་ནི་བར་སྣང་ཏར་པོར་བལྟ། །
明者兩手覆蓋於膝上　　氣緩雙眼瞪瞪看天空

ཨེ་རྟོག་ཆོས་བདུན་རང་གར་གནས་པས་འགྲུབ། །
無妄七法自然安住成

　　就個別而言，如果是以安樂的方式觀修安止，要讓安樂的功德產生，以及使安樂方面的缺失排除，關鍵也是前面談到的毗盧七支坐法。不同的差別在於兩手，前面是兩手結禪定印，放著；現在兩手是右手在內，左手在外，像金剛持的方式一樣，交抱在胸前，貼在心坎前面，同時眼睛下垂注視鼻尖。按照這個方式做，安樂方面的功德會產生，安樂方面的缺失也容易排除。

　　如果是以明晰的方式修安止，毗盧七支坐法裡原來的禪定印要調整，換成兩隻手的手心覆蓋在膝蓋上，呼吸完全放輕鬆，眼睛看著前面虛空，眼珠不動搖。以這個方式進行，明分方面的功德會產生，所會遇到的缺失也能夠排除。

　　如果是以無妄念的方式修安止，就按照原來的毗盧七支坐法進行，眼珠絲毫不動搖，呼吸完全放輕鬆，兩隻手結禪定印，舌頭抵住上顎，眼睛看著鼻尖。如果以這個方式進行，會產生無妄念方面的功德，所會遇到的缺失也能夠排除。

　　第二種，以物質的方式把修安止的問題排除，應當怎麼做呢？

རྫས་ནི་དུས་དང་མཐུན་པའི་གནས་དང་གྲོགས། །བཟའ་བཏུང་ལ་སོགས་ཉམས་ལ་གང་ཕན་བསྟེན། །
物者合時處所與助伴　　飲食等等凡益覺受依

　　關於以物質的方式排除在禪修方面所遇到的問題，首先我們前

面一開始談到觀修安止，在春夏秋冬不同季節做禪修時，應當在什麼樣的場所最好，那個地方要注意一下。

　　其次是友伴，幫助者，護關者。實修的時候當然要依止上師，除此之外，自己的法友、幫助者，應當是誓言清淨者，如果不是誓言清淨者，那禪修者的功德不會產生，有關這方面的記載非常多。

　　在食物方面，自己比較適合哪些食物，各自應該知道，要好好調整。一般來講，如果是以安樂的方式修安止，為了使安樂的功德容易產生，要吃比較有營養的食物，也要重視一些藥物，還有要使用蜂蜜。

　　如果要產生明分方面的功德，應當吃比較清淡、比較涼性的食物；修法的處所要在比較高、比較光亮的地方。

　　如果是以無妄念的方式做禪修，禪修的場所要溫暖，但不能太過光亮；食物方面應當稍微燥熱，使身體能夠產生溫暖；而且平常的行為動作應當儘量放緩。注意以上細節之後，進行修安止。

　　第三種，以緣取的方式去除修安止方面的阻礙、毛病，運用什麼緣取呢？

ཇེན་འབྲེལ་ཁམས་འཛག་པ་ལ་གཞན་ནུ་མས། །ཁགའ་བའི་སྐུད་པ་སུམ་སྐྱིལ་ཕྱགས་བཟླས་ཏེ། །
緣起則有於之界漏者　少女所紡三股線誦咒

སྐེད་པར་བཏགས་པས་ཐིག་ལེ་བསྲུང་བ་ཡིན། །ཚོག་པ་འཕྲོ་ན་ཙཎྜ་གེ་སར་དང་། །
繫於腰間故可護明點　妄念放射依旃壇花蕊

ཞུན་ཆེན་རིལ་བུ་བསྟེན་པས་མི་ཧོག་འགྱུབ །རྒྱགས་ན་གུར་གུམ་ག་པུར་བྱང་ཆུབ་སེམས། །
大油丸丹故成就無妄　昏則紅花冰片菩提心

རིལ་བུས་ཏིང་འཛིན་འཕྲུབ་པར་རྒྱུད་ལས་གསུངས། །
九丹故成等持續部宣

以緣起的方式排除修法方面所遇到的障礙。首先是明點漏失，非時而明點漏失的障礙。遇到這種障礙產生時，排除障礙的方式是什麼呢？先準備三種顏色的絲線，並選還沒有結婚的女子，將三條絲線揉在一起，變成一條線，之後，這個行者要唸誦忿怒尊的咒語，或者是金剛盔甲咒，或者是忿怒金剛童子咒，把咒語加在絲線上，打七個結，再綁在腰間，這樣就能夠防護明點的漏失。

其次是妄念紛飛非常嚴重，在這種情況，用檀香、花蕊和大油（人的骨髓），做成藥，吃了之後，妄念紛飛的毛病會去除，無妄念的功德會產生。

或者是無妄念的障礙很多，因此內心虛弱，心本身的力量很薄弱，會轉變成愚癡的本質。這個時候就要用冰片、紅花和菩提心（指明點），做成藥丸，吃了這個藥丸，在禪修方面所遇到的障礙都能夠排除，禪修的功德在內心也會產生。這些方式都是佛陀在密咒乘的續部中，曾經開示過的。

其次，排除障礙方面，以及功德進步方面，還可以做的方式有：

བདེ་གསལ་མི་རྟོག་སྐྱོན་མེད་གོང་འཕེལ་བ། །དམིགས་པ་གང་རུང་སེམས་བཟུང་མཆོག་ཏུ་བསྔགས། །
樂明無妄無過增向上　任何所緣持心受讚勝

དང་པོར་དམིགས་ཡུལ་ལ་གཏད་བསྒོམ་པ་ཡིས། །དེ་རྗེས་དམིགས་མེད་དང་དུ་རྟུན་གྱིས་འགྲོ །
初時朝向緣境觀修故　其後無緣取狀自然行

གནད་འདི་ཉིད་ཏུ་ཡང་ཟབ་མཆོག་ཡིན་པས། །སྐལ་ལྡན་རྣམས་ཀྱིས་དང་དུ་བླང་བར་བྱ། །

此要最極更深殊勝故　有緣眾士應誠懇學習

མཚན་བཅས་ཡིན་ཞེས་སྤང་བ་བླུན་པོའི་ལམ། །ཉམས་མྱོང་མེད་པའི་ལུགས་ཡིན་དོར་བར་བྱ། །

謂爲有相而棄乃愚道　係無經驗之軌應棄之

　　在修安止的時候，以安樂、明晰、無妄念的方式，使安止的功德產生，而且還要把在安樂、明晰和無妄念方面所遇到的障礙排除，要達成這些目標，還可以怎麼做呢？

　　無論是以安樂、明晰或無妄念的方式修安止，三者都一樣，首先要有一個所緣對象，一心專注在所緣對象上。但是一心專注在所緣對象逐漸禪修後，要在無所緣取之下安住，以這個方式進行。

　　首先第一項，如果以安樂的方式修安止，最初所緣的對象是什麼呢？觀想自己的中脈從密輪到頂輪梵穴之間，之後由頂輪梵穴降落下明點，明點還要能夠反轉，返回去，又降落下來，又返回去，專注在中脈裡明點的降落和返回，以這個方式觀修，這是使安樂產生的方式。

　　第二項，如果用明晰的方式修安止，專注在一個所緣上，應當緣取什麼呢？氣的顏色，就是呼吸的氣息的顏色。最初觀想的氣息，把它觀想成是綠色，之後專一安止在呼吸的氣的顏色上，用這個方式觀修，這是使明分的功德容易產生的方式。

　　第三項，如果以無妄念的方式修安止，要緣取無雲晴空，專注在這個所緣上，這樣觀修，無妄念的功德也會產生。

　　三者最初都是專注在一個所緣上，但是最後要進入對這個所緣

對境沒有執著，沒有耽著，無所緣取，安住在無所緣取之中進行觀修，後面都要這樣做。這是屬於甚深的口訣。

　　但是有人談到：樂、明、無妄念的觀修方式，緣取的對境是自己身體裡的明點、呼吸的氣息和晴朗的天空，專注在所緣的對境上，所緣的對境都是屬於世俗諦的法，都是有形相的，因此這種觀修不是一個正確的方式，應當安住在無所緣取之中才正確。有人有這種說法。

　　這種說法是愚笨者的說法，違背了佛和菩薩的開示，與佛陀佛語部、論典部裡的開示，還有菩薩的開示都不相隨順。這種說法不是出自自己切身經驗，是盲人指路，所以不要相信這種人講的話，不要走入錯誤的道路。

　　佛陀在續部裡、在經典裡都曾經開示過，最初要緣取一個對境，專一安住在對境上，之後逐漸達到無所緣取，以這個方式實修。

　　因此，以樂、明、無妄念而修安止時，最初一定要緣取一個對境，之後進入無所緣取，一定要按照這個方式進行。

ཁྱད་པར་བདེ་བའི་བོགས་འབྱིན་དམ་པ་ནི། །འོག་རླུང་འཐེན་ལ་གསང་བའི་གནས་ཉིད་ནས། །
特別安樂純正猛晉者　　提下氣而由密處起始

ཐིག་ལེ་ཡང་ཐིམ་སྤྱི་གཙུག་ཉིད་དུ་ཐིམ། །གང་ཡང་དམིགས་མེད་ངང་ལ་བཞག་པར་བྱ། །
明點再融融入至頭頂　　應當置於任皆無緣狀

དེ་རྗེས་སྟེང་འོག་ཁ་སྦྱར་རླུང་བཟུང་ལ། །ཁྱིད་གར་སེམས་གཏད་སྐྱེ་མེད་ངང་ལ་གཞག །
其後上下相合而持氣　　專注心間置於無生狀

「特別安樂純正猛晉者」，特別是在安樂方面的實修，突飛猛晉最好的方式是什麼？如果用安樂的方式修安止，安樂的功德如何產生？這特別再講一講。首先把下端的氣放鬆，之後要一心專注緣取密輪之內的明點，之後觀想明點慢慢向上移動，到達頂輪梵穴，融入頂輪梵穴的 ཧ 杭字之中；杭字本身因為明點融入之故，慢慢消散不見，之後一心安住在無所緣取之中。這前面談到過了，就是「初有所緣後無所緣」。

接下來的階段是要緊閉下端的氣，上端的氣向下壓，之後要閉氣，閉氣後，緣取心坎的中間，一心專注在這裡。這個時候內心專注在萬法不生，在無生的狀態之中安住，如此做禪修。

བདེ་གསལ་སྤྲོས་བྲལ་དང་ལ་གནས་པ་ཡིན། །བར་བར་ཤིང་གེ་རྩལ་སྒྱགས་ལ་སོགས་པ། །
即是住於樂明離戲狀　　中間獅子力動等方式

དབབ་བརྟེག་དང་ཞིང་དགྲམ་དང་ལ་བརྟ་བའི། །འཁྱལ་འཁོར་དམིགས་གནད་མཐོང་བ་བརྒྱུད་བཞིན་ཟྲ། །
降提引散以及與堅定　　動輪緣要依可見傳承

樂明產生的時候要在離戲的情況之下，就是沒有執著，沒有耽著，無論如何要在這個離戲的狀態之下安住，這是非常重要的。

明點降落下來的時候，要以佛父佛母相合擁抱的手印來觀想。還有要做獅子的手印，兩隻手按在地上，兩隻腳也是在地上，身體的上半身要做抖動的動作，這也是實修的方式。

前面講到明點降落以及返回，還有引導明點遍及全身，這樣的觀想也有。還有氣脈方面的體操動作，有些人學過，就按照氣脈的

體操動作緣想要點進行實修。如果沒有學過，就按照上師所開示內容的方式進行實修。

前面所談到的，就觀修安止方面而言，明點方面的實修方式很多，如明點降落、返回，或者是引導周遍全身等。不過，假設對方不是學習密咒乘門的適當器皿，對他做太多有關這方面的詳細說明，其實沒有什麼幫助，反而會讓他產生誤解，甚至有對密咒乘門信心退轉、消失的危險。

中國古代，密咒乘門並沒有廣大傳揚，學習密咒乘的人很少，對王宮大臣或百姓進行灌頂的事蹟也很少，只有在赤松德贊國王和中國來往時，中國密咒乘有一些發展。之後西藏的密咒乘慢慢衰損，直到薩迦派強大時，薩迦大博士到了中國，才對中國的皇帝后妃王公大臣等進行灌頂，示現密咒乘的壇城，示現壇城本尊等。

就白玉寺而言，嘎瑪古千第一世的時候，到中國對皇帝后妃公主太子，還有王公大臣進行密咒乘的灌頂、密咒乘教法的教導等，這方面的事蹟也有。

可是注意，在中國古代學習密咒乘門的都是王公貴族，除此之外，在廣大的群眾百姓中，密咒乘門並沒有廣大流傳。因此一直到現在，中國人喜歡密咒乘的人是有，但是能夠好好學習密咒乘，對密咒乘有深入了解、精進學習的弟子，幾乎沒有，僅僅只是喜歡而已。

但是在印度古代，密咒乘在群眾之間是廣大發揚開來的，譬如，印度的八十位大成就者中，出家比丘只有四位，其他全部都是在家眾，而且行為都非常稀奇古怪。有一些是和女子空行母來往做

實修，有一些是獵人，有一些是鐵匠，有一些是農夫，行為都和世俗人一樣。這表示密咒乘門的實修很普遍地流傳在百姓之中，因此，密咒乘實修者示現出一些稀奇古怪的行為時，一般人對密咒乘的信心不會退轉、消失。

古魯仁波切到西藏後，主要的弟子有王臣二十五人，其中出家人大概五位、六位，其他都是在家的密咒乘行者，也就是在家咒士。那表示密咒乘的教法在民間普遍流傳，而民間百姓實修者得到證悟的人非常多。因此，密咒乘行者示現的行止，就算稀奇古怪，一般人也不會信心退轉。

而中國古代，以修行密咒乘方式得到成就的人少之又少，因此，一般百姓看到密咒乘一些比較奇怪的行持時，往往認為是行者在發脾氣、貪戀、瞋恨等，導致對密咒乘信心退轉。

實際上，密咒乘門裡，有時候看起來貪戀、瞋恨、愚癡、傲慢，或佛父佛母相合實修，只是外表上看起來而已，實際上內心並沒有。

又譬如佛陀在佛經裡談到，十種不善是應該要斷除的；可是在大乘的顯教乘門裡，又談到如果以菩提心為基礎，之後行十種不善也沒有罪業。這種教導，很多弟子內心不能夠接納，也有這種情況出現。

西藏古代國王赤惹巴僅的時代，把密咒乘的實修者分成出家部和在家咒士部兩類。國王在頭髮上面綁長巾，左右邊各分出一條很長的布延伸出去，右邊布上面坐出家實修者，左邊布上面坐在家咒士實修者，表示就實修密咒乘的教法而言，在家人也可以做實修，

出家人也可以做實修，毫無差別。這種狀況也表示密咒乘的教法在民間廣大流傳。

因此，對於密咒乘的見地如果正確，在內心見地方面有所證悟，之後實修的方式也正確，雖然外表上示現出貪戀、瞋恨、愚癡、傲慢等，但內心並沒有貪戀、瞋恨、愚癡、傲慢等，這些都不會存在，密咒乘的實修者很多都是這個樣子。

因此，這裡所談到的明點、佛父佛母相合實修等內容，這樣的觀修，有時候是觀想進行，有時候是正式進行，這些都是密咒乘門裡不共的特色。可是這些不共的特色，如果詳細講，有人會認為是一個很明顯實在的貪戀、瞋恨、愚癡，對這些行持產生誤解，導致對密咒乘的信心退轉，這種危險很容易發生。假設弟子是適當的器皿，這種危險不會發生，但如果不是適當的器皿，多做說明反而適得其反，不會有好的效果。所以我們今天的解釋，就僅僅只是簡單做個說明。

但是，前面說明安止的內容，談到許多實修方式，是不是這麼多的方式一定都要做？如果不做，是不是就不能實修密咒乘的教法，實修的功德就不能夠產生？不是的！所談到的方法這麼多，有些可以做，有些可以不必做，不是每一項都要做；也不會沒有做安止的功德就不能產生，沒有做就不能實修密咒乘門，千萬不要有這種誤解。談到的方法雖然很多，自己適合什麼方法，哪些要做，哪些不做，都可以調整後再進行。

實修練習IV

　　上回我們練習的是以安樂的方式修安止，今天我們練習的是以明晰的方式修安止。毗盧七支坐法，之後雙手覆蓋在膝蓋上，眼睛看著前面虛空，觀想從密輪往上三個脈，中間有中脈，左右兩邊有左脈和右脈，左右兩脈要向上通到左右兩個鼻孔，左右兩脈的下端要刺入中脈裡，如此做觀想。

　　之後，首先呼出九節濁氣，先左鼻呼三口濁氣，再右鼻呼三口濁氣，再雙鼻一起呼三口濁氣。呼出濁氣時，觀想自己的疾病、邪祟干擾、罪障、貪瞋癡五毒等都混在氣之中排出身體之外。觀想完畢後，吸氣，要吸三次。觀想，首先是情器世界，一切的事物都化成五色祥光，白色、黃色、紅色、綠色、藍色，從自己的兩個鼻孔，把這情器世界所形成的五色祥光的氣吸進來，進入左右二脈，之後由下端進入中脈，中脈裡充滿了五色祥光。這時候要思維產生信解，完全相信：外在事物的情器世界所形成的五色祥光，充滿我的中脈，因此，外在情器世界的壽命、福報、權勢、運氣等，我全部都已經得到了。非常堅決確定。

　　其次在吸氣的時候，要思維諸佛菩薩的淨土也化成了五色祥光，和氣混在一起，從左右鼻孔吸進來，進入左右二脈，之後在下端進入中脈，充滿了中脈，逐漸地全部融入。這時候要產生勝解，堅決確定：諸佛菩薩身的功德、語的功德、意的功德、功德的功德、事業的功德，這一切我都完全圓滿得到了。內心非常堅定，如此產生勝解，如此做觀想。

　　之後觀想在自己心坎中間的位置，有一個五色光圈，一吋大小，約半個拇指大小；之後吸進五色祥光氣，充滿中脈；之後，逐漸全部都融入這個五色光圈之中。如此觀想。

　　（實修）

　　前面是第一個方式。接著，第二個方式，前面談到心坎中間有一個一吋大小的五色光圈，由這個五色光圈放出五色祥光，這五色祥光逐漸地充滿自己的頂輪大樂輪、喉嚨受用輪、心間法輪和臍輪變化輪，四個脈輪之中都充滿了五色祥光，逐漸身體裡也都充滿五色祥光，然後這五色祥光要照射到屋子裡、屋子外，之後遍及整個世界都是五色祥光，這樣做觀想。這時下端的氣要緊閉，上端的氣要往下壓，以閉氣方式進行。前面談到安樂的觀修方式時，都沒有談到閉氣，不過在明分的階段要閉氣，以上下相合氣進行禪修，這是第二種方式。

　　（實修）

　　第三個方式，和前面一樣觀想身體中脈，之後外面的五色祥光全部逐漸地收攝回來，融入自己的身體之中；身體裡面的光全部收攝，逐漸融入中脈的四個脈輪，頂輪的光逐漸地融入喉輪，喉輪的光全部融入心間法輪，臍輪的光也全部融入心間法輪，在心間法輪的光全部收攝，逐漸地融入中間五色祥光的光圈中；之後五色光圈逐漸地縮小，到最後，消散得無影無蹤；之後無所緣取，沒有執著，沒有耽著，沒有念頭，在無所緣取之中靜坐片刻，如此觀想。

（實修）

無妄念的觀修方式，也是分成三項，投射、攝持和調治。首先第一項，身體為毗盧七支坐法，雙手結禪定印，觀想中脈，三脈的情況都和前面一樣，特別的是要觀想中脈裡心坎中間位置，有個一吋大小的光團。觀想完畢後，口中唸誦「哈哈哈……」21遍，唸時要一邊觀想一吋大小的光團順著中脈往上移動，最後到達頂輪梵穴，從頂輪梵穴射出，到了頭頂上面的天空中，繼續往上飄浮，逐漸遠去，遠去到無所緣取，逐漸消散，無影無蹤。這個時候在沒有執著、沒有耽著的狀態之中，靜坐片刻。

（實修）

第二項攝持的方式，應該是在空曠的場所，背對著太陽，眼睛看著前面虛空，毗盧七支坐法，呼吸放輕鬆，之後一念不生，安住在沒有念頭的狀態下，慢慢地呼吸，連呼吸的出入都沒感覺到，好好維持這樣在無妄念的狀態中，持續下去。這個方式比較容易進行，大家應當都明白，這裡就不做練習了。

第三項調治的方式，也是毗盧七支坐法，眼睛看著前面虛空，心完全沒有散亂，也沒有任何妄念。在這個情況之下，觀想：就外在而言，土石山河大地等一切事物僅僅只是顯現而已，就如彩虹，完全透明通澈，沒有阻礙；就內在而言，自己的身體也是像天空，就像彩虹一樣，完全通澈透明，沒有阻礙，之後安住在此而做觀修。這個部分也很容易

明白，大家自己要經常好好做練習。

在《大圓滿禪定休息論》的內容中，最主要的就是在安止方面觀修的口訣。尤其是安樂的功德、明晰的功德、無妄念的功德，這三者的功德要在內心產生，相關的口訣已經明白做了開示，我們也再三反覆解釋過好幾次，也一起共修過幾次短暫的時間。在安止這方面的觀修，大家應當在內心持續加強，不斷串習。

接著說明一些特別的實修方式，實修後內心功德產生的情形，包括暫時的功德和究竟的功德。另外，還會說明身體調整的方式，以及氣脈方面的觀修。

不過，在氣脈方面的實修，特別是氣脈實修的口訣，因為我們這裡大多數弟子都非常忙碌，白天要上班，已經非常勞累了，因此，恐怕很難有清閒的時間實修氣脈方面的口訣。因為氣脈方面的實修，不僅僅只是內心要花一些勞累，閉氣也會帶來一些勞累，身體方面的動作也會帶來一些勞累，三方面都要花很大力氣，台灣的弟子可能不太容易進行。

假設是上等根器者，在情況許可下，好好實修氣脈，當然是最理想的情況；假設做不到，在這方面還有許多觀想的方式，也都做了開示。

如果是對密咒乘門的見地有證悟者，在密咒乘門的見地之中，並沒有談到這個是應當要取得、應當要學習的，那個是應當要斷除、應當要排斥的，這個是應當守護的，那個是不須守護的。在清淨見地的證悟者而言，可能就沒有關於要如何守戒等的理論，在這

種情形之下，佛父佛母相合的口訣、讓十惡不赦罪大惡極者度脫的口訣，這方面的實修雖然開示了很多內容和方式，但是假設對清淨的正見還沒有得到證悟，要依照所開示的內容去實修，就顯得非常困難了。

在中國、在台灣，以前密咒乘門的教法並未對群眾廣大傳揚，所以大多數人對於密咒乘的見地、行持，內心要接受都有點困難，這是普遍的情況。關於這方面的理論說明，可能不太容易也不太可能令弟子產生信心，因此，有關這方面的實修，並不打算做太多解釋。

དབབ་པ་འཁྱུད་པའི་ཕྱག་རྒྱ་ཞིང་དང་ནི། །རོ་སྟོད་སྤར་གསིགས་གནོན་པ་ལྟ་བུར་བྱ། །
下降者做相擁之手印　　上身抖動向下如壓制

དམིགས་པ་ཀཱ་ལས་བྱང་སེམས་བབས་པ་ཡིས། །གསང་བར་བྱུང་དུས་བདེ་ལ་དམིགས་པ་གཅད། །
緣想由杭降下菩提心　　降密處時緣樂而專注

這四個句子談到，明點的下降，還有明點向上返轉回去，配合觀想，這是密咒乘門裡實修的口訣。不過這些實修的方式，都是對於密咒乘的教法信心非常強烈的人才能夠做，特別是對密咒乘的見地已經得到證悟者才可以進行實修。除此之外，若對於密咒乘的見地沒有得到證悟，對於密咒乘教法的信心程度很薄弱，就不適合進行實修，因為這樣的一個人，不是實修這種教法的適當器皿。

以前印度時代，密咒乘門的教法都是隱密實修，不會讓別人看到，所以從古到今，密咒乘門的教法都不會宣傳、公開。因此，一

些成就者，雖然生平實修密咒乘門教法，但沒有人知道，一直等到他圓寂後，天空出現彩虹，出現很多奇特稀有的徵兆，大家才恍然大悟，原來他是實修密咒乘門的行者。

再舉例而言，譬如印度出家僧眾，那爛陀佛學院光是大博士就五百多位，超戒寺的大博士也是五百位以上，一般出家人當然是數千人，這裡面全部都是實修密咒乘門的教法。但是這些出家人實修密咒乘門的教法時完全保密，也沒有人宣傳，因此沒有人知道。

其次，在印度實修密咒乘的教法而證得偉大成就的是八十位大成就者，這八十位主要都是在家人，只有七、八位出家人。這些在家人有些是獵人，有些是農夫，有些是銅匠，有些是鐵匠，可是卻是透過密咒乘門的實修得到最偉大的成就。

內道佛教還沒有在西藏流傳之前，佛教已經在中國流傳，密咒乘也在中國流傳，那個時候差不多是西藏國王松贊干布的時代，當時西藏佛法還不太廣大流傳，而中國佛教已經廣大流傳開了。可是佛教雖然在中國廣大流傳，但其中密咒乘門教法的流傳只限於王公貴族，並沒有流傳到廣大百姓中。

到了赤松德贊國王，再到以後的二三百年之間，中國有許多人去西藏，迎請了西藏上師到中國，西藏上師為王公貴族灌頂、講說教法，也示現很多神通。但是當時傳授的弟子也只限於王公貴族，並沒有在百姓之中流傳。

相反地，在西藏和不丹，幾乎廣大的群眾都實修密咒乘門的教法，所以密咒乘門的教法已經普遍流傳開來。因此，西藏和不丹的百姓即使沒有證悟，可是對於密咒乘門的見地、觀修、行持、法器

等，不管再怎麼奇特，他們內心都充滿了信心和清淨心，這是因為密咒乘已經廣大傳揚之故。

因此，能不能夠實修密咒乘門，以及是不是一個能夠實修的適當器皿，有各種情況，千變萬化。

這裡所談到的實修方式，是在蒲團上，身正坐，去震動身體下半段的氣，去震動身體上半身的氣。還有觀想中脈裡有ྂ杭字，由ྂ杭字流下甘露，甘露降落下來到密輪，中間要經過頂輪大樂輪、喉嚨受用輪、心間法輪、臍輪變化輪，到達密輪護樂輪；或者說由頭頂降到喉嚨，喉嚨降到心間，心間降到密輪，這中間甘露降落下來時，內心就會產生四喜（喜、殊勝喜、特別喜、俱生喜）的功德。

而且正當甘露降落到密輪時，要有禪定的力量，要有安止的力量，要一心專注在安樂的本質之中。就是樂、明、無妄念三種功德之中，要緣取安樂的本質，安止的力量要能夠安住在安樂的本質上，在這個情況下做實修。

བསྒྲོག་པ་དེ་ནས་ཀྱེན་དུ་དྲངས་པ་སྟེ། །ལག་གཉིས་མཁལ་ཁུང་རྒྱ་མཚོ་བྲག་ལ་སྒྲར། །
提者則為由彼引向上　　兩手腎穴海水拍岩般

འོག་རླུང་འཐེན་ལ་ལྕེ་རྩེ་ཁན་ལ་སྒྲར། །མིག་ཕྱིན་བསྒྲོག་ཅིང་མགོ་བསྐྱིལ་འདར་བ་བཞིན། །
提起下氣舌尖抵上顎　　眼白轉動頭旋轉抖動

དམིགས་པ་ཐིག་ལེ་བ་ཐག་བརྒྱུས་པ་བཞིན། །གཅིག་ལ་གཅིག་ཐིམ་སྟེ་གཙུག་པར་དུ་བསམ། །
所緣蛛絲貫穿明點般　　一者融一思維至頭頂

前面談到觀想中脈裡的明點，接下來觀想這個明點，由密輪返

回到臍輪，由臍輪返回到心輪，由心輪再返回到喉輪，由喉輪再返回到頂輪，這樣觀想把明點引導回去。

　　不僅如此，觀想時，二隻手掌搓揉身體脇下、腋窩等處，之後下端的氣放輕鬆，舌頭抵住上顎，眼睛向四方看，而且頭要震動。用這些方式，觀想明點好像念珠由繩子串起來一樣，一顆一顆的明點；接下來從密輪開始，一個明點向上面的明點融入，又向上面的明點融入……明點逐漸由密輪返回到臍輪，返回到心輪，返回到喉輪，返回到頂輪大樂輪，全部都要融入頂輪大樂輪的明點之中。如此觀想做實修。

དགར་པ་གཞུ་འགེངས་ཀང་ལག་རྐལ་སྒུགས་ཀྱ། །མི་ཞིས་ཅེ་ཚོ་སྦྱུར་ཀྲུང་ཕྱིར་འབུད། །

平平引弓手足力震動　　舌尖抵齒呼氣出嘶聲

ལ་བརྟན་གཱན་རྐྱལ་ཀྲུང་ཤེམས་སོས་ངལ་ལ། །

堅定仰臥心氣緩休息

　　二隻手像彎弓射箭，這是引弓射箭的手印，不僅如此，二手二腳都要大力震動。之後，舌尖要抵住牙齒，由齒縫之中吐氣，發出「嘶」的聲音，這樣做之後，立刻倒下來。在倒下來的那一刻，內心完全放空，完全沒有任何妄念，沒有任何思維。這樣一個實修的口訣。

གར་ཡང་མི་རྟོག་ཅིར་ཡང་མི་འཛིན་པས། །རང་བཞིན་སྤྲོས་དང་བྲལ་བའི་ངང་ལ་གཞག །

任無妄念任亦不執故　　置於自性已離戲論狀

འདི་ཡིས་གེགས་མེད་བདེ་ཆེན་བྱང་ཆུབ་འགྲུབ། །གསལ་བ་རླུང་གི་ཤུགས་འཕྲིན་དྲས་པ་ཡང་། །

以此無障成大樂菩提　明者氣之正猛晉亦且

འཇམ་རྩུབ་གཉིས་གིས་གཉིས་གི་ཤུགས་འཕྲིན་ལ། ཁྱད་པར་ནང་བཟུང་ཕྱིར་བཟུང་གཉིས་གི་གཉིས། །

柔暴彼此互相成猛晉　特別持內持外互相助

དལ་འཇམ་ཕན་ཚུན་གནད་དང་བསྙེ་བ་གཅེས། །

重視緩柔彼此入關要

　　大家也許會擔心：「現在談到的這些內容，我是不是要去實修呢？」不是！最主要的實修部分是前面所談到的，就是靠著安止如何引發安樂的功德，觀修的口訣是什麼？靠著安止如何引發明晰的功德，觀修的口訣是什麼？靠著安止如何引發無妄念的功德，觀修的口訣是什麼？

　　如果把前面的內容都做了實修，成效非常好，接下來才要進行現在所談到的段落。所以主要的重點一定要放在樂、明、無妄念的實修方式。那個部分的實修做得很好了，自己有足夠能力了，再加做現在所談的這些實修，會使前面樂、明、無妄念的功德突飛猛晉，幫助的效果非常強烈。

　　或許也有人會問：「如果我僅僅只是實修樂、明、無妄念，那是不是修法不夠完整，口訣還不夠呢？」不是！就只實修前面的樂、明、無妄念而言，口訣都已經完整齊備，毫無遺漏，都已經是非常好了。只做那個實修也可以，但是假設那個部分做好了，再加上這裡的實修，就會使前面樂、明、無妄念的功德達到突飛猛晉的效果。

　　也就是說，重點是放在前面所教導的樂、明、無妄念的實修，應當先好好地精進實修，才是最重要的關鍵所在。

　　這裡所談到的，應當安住在離戲論的狀況做實修，「戲論」的意思是指萬法本身有來有去，有生有滅，這個法是有是無，這些來去生滅有無都是屬於戲論。就一切法而言，這些戲論的本質都不能夠成立，所以安住在萬法本質不能夠成立的情況下，再做脈、氣、明點的實修，會產生很大的幫助。對於樂、明、無妄念的實修，障礙特別能夠排除，而且功德也能夠在很短的時間裡產生，會引發突飛猛晉的效果。

　　其次，運用氣的實修的功德幫助樂、明、無妄念的功德，也會有很大的幫助。

　　就氣的實修而言，氣本身主要是猛烈和緩慢兩種類型，也就是猛烈地呼氣和吸氣，或者是緩慢地呼氣和吸氣。有時候吸了氣後，要把它全部壓在肚臍以下，閉氣實修；有時候根本就不閉氣，在完全自然的呼吸之下實修。

　　總而言之，一定要特別注意的是，非常猛烈的吸氣呼氣不要做，非常緩慢的呼氣吸氣也不要做，一定是在適當的情況下，呼和吸本身力量不強也不弱。

　　至於適當的情況到底是什麼呢？每個人不一樣，只要是可以幫助自己的實修，自己的能力是以這種程度最為恰當的，就可以了。

　　換句話說，針對個人實修的情況，了解這個氣本身呼出去吸進來，到底適中的力量是什麼，以及是不是要閉氣實修？這些完全要分析自己個人的情況，再做調整，這非常重要。這樣配合氣的呼吸

實修，樂、明、無妄念的功德會突飛猛晉。

གནས་དང་ཁ་དོག་རེག་བྱ་དབྱིབས་ལ་སོགས། །དུ་མའི་ཐབས་ལ་བསླབ་པའང་གསུངས་མོད་ཀྱི། །
數目顏色所觸形狀等　雖亦宣說學習多方便

འདིར་ནི་གཅིག་གིས་ཀུན་འགྲུབ་མན་ངག་ལ། །འདི་ལྟར་བསླབ་པ་གནད་ཀྱི་རྒྱལ་པོ་ཡིན། །
此者一成萬成口訣也　如此學習是關要之王

　　這裡要講關於氣的實修。很多書裡都談過氣的各種實修方式，有數息的方式，就是氣呼出去又吸進來時數數目字，有從 1 數到 21，也有從 1 數到 30；或者是氣呼出去吸進來時，觀想氣是白色、黃色、紅色、綠色等；或者是氣呼出去時，觀想這個氣是熱的氣，吸進來時觀想是涼的氣，這樣觀想它是熱和冷的性質做實修；或者是氣呼出去吸進來時，觀想氣本身有形狀，四角形、三角形、圓形、半圓形，配合這個觀想來實修。

　　但是有關氣的這些實修方式，我們並不需要全部都做，這裡談到最重要的是氣本身呼出去和吸進來時，不要太猛烈也不要太放鬆，在鬆緊適中的情況下進行呼氣、吸氣或閉氣。這完全要配合自己實修的程度，依自己實修的狀況做適當的調和。除此之外，數氣的出入數量，觀想它的顏色，觀想它的形狀，觀想它的冷熱等，這些也可以不做。

　　總而言之，自己調整到一個鬆緊適中的程度，在鬆緊適中的狀況下做氣的實修，這是一切氣的實修之中的國王，是最重要的核心。就做這一個項目就可以了，其他項目就算沒有做，也沒有過失。

ལུས་གནད་ཁྱད་པར་སྤྱར་བཞིན་ལུས་མི་འགུལ། །རླུང་ནི་ཁ་སྣ་གསུམ་མཐའ་ཤིན་ཏུ་དལ། །

特別身要如前身不動　　氣者口鼻三者極緩慢

ཐ་མལ་རང་གྲོལ་ངང་ལ་ཆོད་ཀྱིས་གློད། །སེམས་གནད་གང་རུང་མི་གཟུང་རང་བཞིན་ཊ། །

凡庸自解狀中放鬆坦　　心要任皆不執依自性

　　這裡再次談到身體的要點，具足毗盧七支坐法，身體完全不動
搖，由口和兩鼻孔這三個處所進行氣的呼和吸。當由這三個處所呼
氣和吸氣時，身體完全不要花力氣，氣息本身很自然很輕鬆地由口
鼻呼出去，吸進來時也是身體不要花力氣，不緊繃也不使力，只要
讓氣息很自然地由口鼻輕鬆地吸進來就可以了。

　　以這種方式進行氣的實修時，內心要作意觀想也可以，不作意
觀想也可以。只要很自然很輕鬆地經由口鼻，將氣呼出去又吸進
來，內心不做任何緣想，不做任何觀想，在這樣自然輕鬆的情況之
下觀修就可以了。

དེ་རྗེས་གན་རྒྱལ་རྐང་ལག་བརྐྱང་བྱས་ཏེ། །ཧ་ཞེས་དྲག་ལ་སེམས་ནི་མཁའ་དཀྱིལ་གཏད། །

其後仰臥伸展手足已　　屬聲念哈心注空中間

ཡེང་མེད་གློ་བུར་ཐུལ་བ་སྟུན་ཞེར་གནས། །རླུང་སེམས་རང་གྲོལ་གདོད་མའི་ངང་གནས་པ། །

無散離放離收愣愣住　　心氣自解住於本然狀

 གེགས་མེད་ཡོན་ཏན་འཆར་སྒོ་དཔག་ཏུ་མེད། །

無障功德出現門無量

　　之後自己仰躺下來，手和腳都直直伸展出去，口中發出「哈」

的聲音，眼睛和內心看著虛空。在看著虛空之際，內心不要有任何執著和耽著，也不要進行任何緣取，妄念也沒有飛射出去，也不必把念頭收攝回來，這些全都不要做。但也不是說什麼都沒有想，就昏沈睡著了，不是這種情況，內心要非常清醒，但完全放輕鬆，如此做實修。

就在這種很輕鬆的狀態之中，身體裡不清淨的氣、不清淨的內心，會自然消散得無影無蹤。消散得無影無蹤後，還剩下什麼呢？就剩下清淨的心和清淨的氣，自然就已經存在的部分這時就會出現了。

以這個方式實修，能夠排除各種障礙，不會有障礙發生，而且不必花費太長時間，在很短的時間裡，內心就會出現功德。

ཕྱུས་ཡང་རྒྱུ་བ་མེད་དང་སྤྲོས་པ་ཞི། །སེམས་གསལ་རབ་ཏུ་དྭངས་ཤིང་མངོན་ཤེས་འཆར། །
身輕且無游動戲論息　心明最極清澈現神通

ཀུང་མགྱོགས་འགྲུབ་ཅིང་མདོག་རྣམ་ཏིང་འཛིན་སྐྱེ། །རྩུང་སེམས་དྭ་མར་ཆུད་པའི་རྟགས་རྣམས་འབྱུང་། །
成就神行色潤生等持　出現心氣入於中脈兆

按照前面的方式實修，接著會出現什麼功德呢？身體會覺得非常輕，身輕如燕，走再遙遠的路，好像也沒有什麼感覺就走完了。而且以前也許妄念、執著、耽著等念頭很多，現在減少了，內心好像沒有什麼想法、沒有什麼妄念出現，感覺自己的念頭好像自然地止息了。而且和以前比起來，感覺自己的內心變得非常清澈、非常明晰，好像神通出現了。

這裡談到的「神行術」，中國講「神行太保」，譬如本來要走

一個月的路途，一天就走到了，這種能力叫作神行術，會得到這樣的一種成就。不過現代大概沒有人修這種成就，也沒有得到這種成就的必要，因爲現代如果要到很遠的地方，有汽車、飛機等各種交通工具，快速又方便。

此外，按照前面方式做實修，身體也會變得威嚴、潤澤、光彩等。

爲什麼會有這些功德呢？這是因爲我們身體中，都有不清淨的心、不清淨的氣，很多很多；可是我們的身體裡，從臍輪到頂輪梵穴中間存在一條中脈，是屬於本智的脈，本智的脈不是由血和肉做成的，是屬於清淨的脈。

前面談了很多實修，包括內心的關鍵重點怎麼實修，身體的關鍵重點怎麼實修，氣的關鍵重點怎麼實修。把那些實修都儘量做之後，不清淨的心和不清淨的氣就進入中脈之中，之後，不清淨的氣會轉變成爲清淨，不清淨的心也會轉變成爲清淨。由於成爲清淨的心和氣，所以內心的煩惱逐漸地、自然地就止息了，因爲煩惱止息了，內心的本智當然就增長增廣了。

ཡང་ཟབ་གནད་ཀྱི་མཆོག་ཡིན་ཤིན་ཏུ་གསང་། །མི་རྟོག་ནམ་མཁའ་ལྟ་བུའི་བོགས་འབྱིན་ཡང་། །
更深殊勝關要極秘密　　無妄如空其猛晉亦且

ལུས་སེམས་ལྷོད་སྐྱོད་དམིགས་པ་རྩེ་གཅིག་བཟུང་། །གཞི་ལ་མ་ཡེངས་ཅེར་རེ་བལྟས་པ་ཡིས། །
身心悠閒專一注所緣　　專一不散直直看視故

རྣམ་རྟོག་གཞན་རྣམས་དེ་ཡི་ངང་ཉུབ་སྟེ། །དམིགས་རྟེན་དེ་ལ་རྟོག་པའང་རང་ཞི་ནས། །
其他妄念彼狀中沈沒　　於彼緣依妄念亦自息

སྣང་ལ་དེར་འཛིན་མེད་པའི་རྟོགས་པ་འཆར། །

顯而不執彼之證悟現

龍欽巴尊者所開示的是甚深的口訣，也是最爲奇特殊勝的口訣，因此一定要在保密的情況下實修。不過尊者開示的這些實修法，大多數我們都沒有能力做到，假設又沒有努力清淨做實修，自己又不是適當的器皿，內心當然沒有產生證悟的功德。但若因此就說這個法沒有加持的力量，沒有什麼用處，內心也沒有產生信心，這恐怕是大錯特錯了。

一般來講，自己內心功德到底會不會產生，應當是靠自己實修的精進程度決定。例如行者的典範密勒日巴尊者和他的弟子，龍欽巴尊者以及持明吉美林巴，還有巴珠仁波切等，他們是如何做實修的？假設我們是按照這些典範精進的程度實修，之後發現這個法沒有什麼威力，那麼說這個法沒有威力、沒有什麼用處，大概還可以。但若是我們自己實修時，連一分精進的程度都沒有做到，就說這個法沒有威力、沒有加持力，恐怕是大錯特錯了。

尤其是，比起顯教，密咒乘教法在誓言方面更加特別重要。目前的情況，在外國還有台灣等地，能夠如理守護誓言者，可以說少之又少，原因何在呢？因爲現代高科技文明非常進步，以致內心高貴的品性和行爲逐漸衰損，於是對佛法誓言的重視當然也逐漸沒落。

譬如歐美的習慣，一個人到公司上班後，他很正確地把工作完整做好了，老闆就很正確地把薪資給他，等到這個人老了，體力衰

弱了，沒辦法很正確地把工作做好，老闆就把他辭退了，因為他對公司不再有幫助。老闆會不會考量他在公司已經工作非常多年，現在他年紀老了，彼此之間應當有感情存在，應當要對他有關愛之心，要對他多加照顧，有沒有這些考量？完全沒有。

　　若是在古代，老闆和員工之間不僅僅只是老闆付薪水、員工工作的關係，而是還有一個關愛的感情存在，當員工老了，老闆會照顧他的生活，甚至往生了還會幫忙處理後事。但是在外國沒有這樣，後來這種外國習俗慢慢也在台灣流傳，變成彼此之間互相照顧的情況越來越少，越來越困難。因為彼此之間沒有感情存在，當對我有幫助的時候就能夠建立關係付薪水，當對我沒有任何幫助的時候就斷絕往來。

　　這種情況就好像養牛、擠牛奶，牛還有奶的時候，牛奶可以喝也可以賣，等到牛沒有牛奶時，牠就沒有利用價值了，因此就把牠賣了或殺了吃牠的肉。

　　又譬如老師和學生的關係，老師教書對學生給予教導，因此可以得到薪水，但是現在許多老師的想法是：「因為我領了薪水，因此我去教書。」不像昔日，西藏也好台灣也好，都是老師關愛學生，希望他能夠學好，學生對老師則充滿恭敬心。現代這種情況慢慢衰損，老師的想法只是「因為我領了薪水，因此我去做這個工作」，學生對老師也沒有恭敬尊敬心。

　　這種情況當然會影響到佛法方面上師和弟子的關係。現代有些弟子只是想：「上師這裡有一個灌頂我沒有得到，因此我去接受灌頂；有一個教法我沒有聽過，因此我去聽聞教法。一旦得到之後，

這位上師對我就沒有任何幫助了，不需要再來往。」外國有這樣的情況，台灣這種情況也越來越嚴重，有這樣的危險存在。如果是這種情況，當然弟子對守護誓言也不會守護得很好，對上師的信心、恭敬、勝解之心也會變得非常淡薄。在這種情況下，如果實修佛法，內心想要產生證悟的功德，是非常困難的。

為什麼呢？因為從諸佛菩薩而來的加持和證悟，要透過上師才能夠得到，也就是依於上師去得到諸佛菩薩的加持；如果不依靠上師，沒有其他的任何方式可以得到諸佛菩薩的加持和證悟。總而言之，因為要由上師這裡得到諸佛菩薩的加持和證悟，因此對上師要守護誓言，由守護誓言產生勝解恭敬，內心證悟的功德才會產生。

但是其中還有一個麻煩，就是現在假上師很多，如果遇到這種上師，那自己的實修就非常困難了。

頌文裡談到的是內心完全沒有妄念，像虛空一樣，在內心沒有妄念的情況下，內心會非常開闊，證悟的功德會非常廣大。但是當證悟的功德出現時，不要干擾了內心，形成內心的忙亂，像是開始四處宣揚我有這個功德我有那個功德，產生傲慢心，如果這樣，會招來很多魔的干擾。

這時候，應當放輕鬆，專一安住在內心的實相上，不散亂；如果能夠安住而不散亂，內心的妄念就會逐漸減少；當內心的妄念逐漸減少時，對於所緣取的對境就會逐漸淨化。

我們現在內心的妄念、胡思亂想非常多，因此緣取對境時，放眼所看到、所接觸的對境都是不淨所顯。之所以是不淨所顯，是因為內心有許多妄念和胡思亂想，所以當對境顯現出來時，都成為不

清淨的樣子，都是不淨所顯。假設內心的妄念逐漸減少、逐漸淨化，這時因爲內心沒有執著、沒有耽著、沒有妄念，當對境顯現時，就會成爲清淨所顯，內心的證悟功德當然就逐漸增長增廣。

　　這裡主要是開示：我們在觀修安止的時候會遇到許多阻礙，各種各類，要把這一切的阻礙止息，而且功德還要不斷地進步增長。關於這樣的方法，開示得很多。

 འདི་ནི་གནད་ཡིན་གཞན་ཡང་འདི་ལྟར་བསླབ། །རེས་འགའང་དམིགས་པ་ཕྱིར་བཟུང་རླུང་ཕུ་ལ། །

此即關要另又如此學　　有時緣外所緣而呼氣

ཕྱི་རུ་ཅི་གནས་གཞག་པས་མི་རྟོག་སྟེ། །རེས་འགའང་ནང་བཟུང་སྟོད་སྨད་གང་རུང་དུ། །

盡力安住於外生無妄　　有時內住上下任皆可

དམིགས་རྟེན་གཅིག་ལ་མ་ཡེངས་ཅེར་ནེ་གཞག །རེས་འགའང་རྟེན་མེད་ཤེས་པ་རང་ཞིར་གནས། །

於一緣依不散直直住　　有時無緣住心識自寂

ཡུལ་སྣང་དེར་འཛིན་མེད་པའི་ངང་ལ་གནས། །འདི་ནི་མི་རྟོག་ཆོས་སྐུའི་དགོངས་པ་སྟེ། །

住於於彼境顯無執狀　　此即無妄法身之尊意

　　在前面段落已經開示了許多方法，所開示的這些方法全都是觀修的口訣。除此之外，有時候依靠著外在觀修安止，緣取外面一個所緣，之後一心專注在上面，氣息緩慢地呼吸，以這個方式修安止。在這樣的情況下，安止的功德無妄念，在內心就會產生了。

　　或者有時候閉住氣息，要緣取什麼？或許心坎中間有一個ཨ阿字，專注在這個字上面，或者臍輪位置有一個ཨ阿字，專注在這個字上面。選取一個所緣之後，一心專注完全沒有散亂，這樣修安

止，這個時候心要完全輕鬆地放置。

　　或者有時候沒有外在的所緣，也沒有內在的所緣，修安止的時候沒有任何一個所緣，氣完全放輕鬆來進行觀修。這個時候，一切好的對境、壞的對境，自然出現，這些對境出現時，沒有耽著也沒有執著，在這種狀態之下安置。逐漸內心無妄念的本質，法身的本質，這種證悟在內心就會產生了。

གནད་ལ་བརྟེན་ནས་རང་བྱུང་ཁོང་ནས་འཆར། །བདེ་གསལ་མི་རྟོག་སྤྱི་ཡི་དཔོགས་འབྱིན་ནི། །
依於關要天然由內現　樂明無妄總體猛晉者

ཚོགས་བསགས་སྒྲིབ་སྦྱོང་བསྐྱེད་རྫོགས་བསྒོམས་པ་དང་། །ལམ་ཟབ་བླ་མའི་རྣལ་འབྱོར་མཆོག་ཏུ་བསྔགས། །
積資除障觀修生圓次　深道上師瑜伽受讚勝

འདི་ནི་མཐར་ཐུག་གནད་ཀྱི་གདམས་པ་སྟེ། །སྐལ་བཟང་ཐར་པ་འདོད་ལས་དང་དུ་བླང་། །
此係究竟關要教誡也　有緣求解脫者應修持

　　依於關鍵要點而做實修。這裡談到，身體的關鍵要點：毗盧七支坐法；緣想的關鍵要點：觀想身體裡有中脈、左脈、右脈，還有觀想中脈裡有 ཨ 阿字或 ཧ 杭字。

　　還有修安止的時候要緣取什麼呢？緣取的對境有時候在外在，有時候在內在，有時候沒有緣取的對境，這些都是禪修的關鍵要點。透過這些關鍵要點實修之後，自己內心的實相基如來藏，一定會由內在而出現，證悟必定可以達成。

　　不僅如此，安樂的功德，明晰的功德，總體的無妄念的功德，這些功德在內心也會增長增廣。

　　排除一切障礙的方法，主要是什麼呢？就是積聚資糧淨除罪障，這是非常有必要的，因為我們從無始輪迴以來，不斷地流轉，這其中所累積的不善業、罪業非常多。我們內心之中具有三身的性質，具有內心實相基如來藏，但是想要使它們現前沒那麼容易，便是由於受到罪業的阻礙，因此非常有必要把宿世以來所累積的業，特別是罪業，全部淨化。

　　累積資糧而淨化罪業的方法，例如身方面做頂禮，口方面唸誦百字明咒，或者是對諸佛菩薩進行供養，或者是對弘揚內道佛教進行各種承事，還有對其他眾生、比較弱小貧困者進行布施……這些都是累積資糧淨除罪障的方式。除此之外，還有不共的方式，例如在密咒乘門觀修生起次第、圓滿次第，還有更加不共的大圓滿實修。

　　其中最為主要的是：視自己的上師即是佛，以這種信心和恭敬心實修上師相應法，是最為殊勝的口訣！在大圓滿典籍中經常如此稱讚：「這是特別殊勝不共的口訣。」因此，大遍智龍欽巴尊者也針對未來的弟子談到：「究竟徹底的教誡，或者說口訣，或者說教導，應該就是積聚資糧，修生起次第、圓滿次第，最為殊勝的是上師相應法的實修！」

　　這是龍欽巴尊者對未來和大圓滿有法緣、有殊勝善緣的弟子所開示的口訣，上師相應法無論如何一定要實修，這是最為主要的部分。

　　有些弟子一談到「口訣」，認為一定要非常奇怪的才能稱為口訣，例如：身體的行為要和一般不一樣，眼睛看的姿勢也要不一樣，口中唸誦的咒語也要不一樣，手中拿的法器也要不一樣。很多

人有這種誤解，這種想法完全錯了。

在電影或電視節目中要降鬼捉妖時，手中一定結著很特別的手印，唸誦很奇怪的咒語，還拿著普巴杵、金剛杵，之後才能把鬼消滅掉。這些所表演的都不是純正的佛法，因為是電影，只是唬一唬觀眾，做些效果，僅僅如此而已，不能當作純正的佛法，所謂的口訣不會是這樣的。

舉例而言，佛陀在證得佛果時，很多凶猛的魔鬼出現，圍繞著佛陀，想要傷害佛陀，當時佛陀手中有沒有結著很奇怪的手印？沒有！手中有沒有拿著法器普巴杵、金剛杵等，要把魔鬼消滅掉？也沒有！佛陀有沒有用一個很特別的看的姿勢，例如怒目而視看著魔鬼，把他們嚇倒？也沒有！佛陀只是安住在慈心、悲心，專一安住在這個等持之中，使所有魔鬼的神變完全消失得無影無蹤，僅僅只是如此而已。

因此，龍欽巴尊者談到口訣，對於實修者所開示的口訣，認為最重要的就是上師相應法的實修。如果好好實修上師相應法，靠著這個實修，上師內心所得到的禪修的證悟，在我們弟子心中自然就會出現，自然就會得到。不僅如此，自己內心的基如來藏也會現前，這些效果都能夠達成。

古代大佛尊阿底峽到達西藏時，西藏很多老人聚集在一起，跑到大佛尊阿底峽跟前，雙手合掌，非常恭敬虔誠地頂禮，說：「上師，請您加持我們的內心吧！」

但是大佛尊阿底峽沒有辦法立刻加持他們，原因何在呢？因為加持力要進入弟子內心，弟子要得到上師的加持威力，最重要的關

鍵是弟子內心一定要有不共的信心。如果弟子內心對上師產生不共的信心，上師的加持自然會進入弟子心中。

那麼，大佛尊阿底峽怎麼教導這些弟子呢？他內心的加持怎麼才能進入弟子內心呢？

大佛尊阿底峽雙手合掌也很虔誠地回答：「拜託拜託你們，對我產生信心吧！」大佛尊阿底峽是抱著這樣一個期望的。因為如果弟子內心對大佛尊阿底峽產生一個強烈的信心，那大佛尊阿底峽的加持，自然水到渠成，就會進入弟子的內心。

在許多佛法的書籍裡都曾經談過：「上師大悲如鐵鉤，弟子信心如耳環。」譬如一塊石頭或一個鐵塊，用鐵鉤去鉤，不管怎麼鉤，有沒有辦法把石頭或鐵塊鉤起來呢？不可能！不管花多大力氣，也絕對不可能把石頭或鐵塊鉤起來。可是假設石頭中間有個洞，或鐵塊有個耳環，那只要小心用鉤子把它鉤住，就很容易拉起來，這絕對是可以達成的。

因此，假設弟子的內心有一個不共的信心，有了這個信心之環，當然上師大悲的鐵鉤就很容易攝持這位弟子，就很容易把他安置到究竟的佛果。

三、證悟

དེ་ལྟར་བསྒོམས་པས་གནར་བའི་རྟོགས་པ་ཡང་། །རོ་མཉམ་གཅིག་སྟེ་ཐ་དད་དུ་མ་མེད། །

如前修故所現證悟亦　　等味一也無相異與多

ཕྱོགས་གསུམ་གཅིག་ཏུ་འདུ་བའི་གནས་ས་དང་། །ཁྱ་བན་ཐ་དད་རྒྱ་མཚོར་གཅིག་པ་ལྟར། །

三方集合於一之處所　　相異小河入海同一般

བདེ་གསལ་མི་རྟོག་ཐབས་གསུམ་གང་བསྒོམས་ཀྱང་། །སེམས་ཉིད་མ་སྐྱེས་ནམ་མཁའི་རང་ཞིང་དུ། །
任修樂明無妄三種法　亦於心性無生虛空狀

བློ་ཡི་འཇུག་པ་རབ་ཞི་ཐིམ་པ་ན། །ཡོད་མེད་སྤྲོས་དང་བྲལ་བའི་བྱང་ཆུབ་སེམས། །
心之趨入最寂融入時　已離有無戲論菩提心

འོད་གསལ་གཤིས་ཀྱི་ཉི་མ་ལོང་ནས་འཆར། །
光明本性旭日由內現

　　這幾個句子，像前面所談到的，我們修安止的時候，方式口訣很多，有經由安樂的方式觀修，經由明晰的方式觀修，經由無妄念的方式觀修。當然觀修的方式有一些不同，依於安樂觀修，依於明晰觀修，依於無妄念觀修，各項總是有一點點的差異。但是不管透過什麼方法觀修，真正的關鍵重點只有一個，就是證悟內心的實相，這個目標毫無差別，所以這是一以貫之。

　　譬如我們從南部往北到台北去，總是要經過台中；從北部往南到高雄去，總是要經過台中，所以無論如何南來北往，有一個關鍵重點，總是會經過台中。或者說東南西北各地有許多河流，河流的來源處都不一樣，但是河流不斷流下之後，最後都流入大海，萬流歸宗，雖然源頭不一樣，但最後總是一樣的。

　　所以依於安樂觀修，依於明晰觀修，依於無妄念觀修，觀修的方式雖然有一些差異，但是無論怎麼觀修，目標都是放在證悟內心實相。內心實相是本來不生，而且不是內心所思維的對境，因此就像虛空一樣。目標就是要證悟這一點，並非要證悟其他不同的項目，目標都是朝向這一點。

　　所以在我們進行安止觀修的時候，逐漸地，內心妄念慢慢減少，內心的煩惱也慢慢減少，到最後有邊、無邊，二有邊、二無邊，一切的妄念，一切的戲論全部都完全止息。這個時候菩提心（這裡的菩提心就是內心實相），像太陽一樣的內心實相的本智，就會由自己的內在呈現出來，這個部分不是由外面得到的，而是由自己內心裡面自然顯露出來。

གྲུབ་གསལ་འཕོ་འགྱུར་མེད་པའི་རྟོགས་པ་སྟེ། །མཁའ་མཉམ་བདེ་གཤེགས་སྙིང་པོའི་རང་བཞིན་ནོ། །

證悟皆無立破遷變者　　等空如來藏之自性矣

དེ་ཚེ་རྩེ་གཅིག་དྭངས་གསལ་རྙོག་མེད་པ། །ཞི་ལྷག་སྒོམས་པའི་བསམ་གཏན་རྒྱ་མཚོ་ལ། །

彼時專注清明無混濁　　已斷止觀靜慮之大海

ཕྱོགས་བྲལ་འཛིན་མེད་གཟུགས་བརྙན་རང་བཞིན་མེད། །ཆོས་ཀུན་རྟོགས་པའི་དོ་བོ་ཟུང་དུ་འཇུག །

離方無執影像無自性　　證悟本質萬法爲雙運

སྣང་བ་སྒྱུ་འདྲ་སྟོང་པ་དེར་འཛིན་མེད། །

所顯如幻爲空無執彼

　　當像太陽一樣的內心實相的本智現前出現時，會不會以前從來沒有出現過的功德，現在新形成而出現呢？不會！或者是前面早就已經存在的功德，這時候變成沒有了？也不會！內心實相的本質並不需要靠因緣條件而形成，內心實相的本質不會有絲毫改變，這樣的一個證悟在內心裡會出現。

　　這時候的證悟像什麼呢？就像天空一樣，天空不會有絲毫改變，所以像天空一樣不會改變的這種內心的實相在內心顯露出來，

現前而出現。可以在內在選擇一個所緣，專一不渙散地安住在上面，以這個方式禪修，內心實相的本質是清澈、明晰、不混濁的證悟就會產生，不僅如此，這個證悟還會逐漸增長增廣。這時候安止、觀修等靜慮的禪修，應當還要雙運結合在一起。

外道當然也有修安止，但是外道依於他們安止的觀修，沒有證悟內心的實相，也沒有辦法把煩惱連根拔滅，只有暫時把煩惱粗分的部分壓住，但是在煩惱細分的部分是沒有辦法消滅的。

因此，內道依於安止的觀修，安止已經達成之後，後面還有勝觀的觀修，還要證悟萬法的實相，對萬法的空性產生證悟呢！

所以不僅僅只是內心要達到沒有妄念，以這個基礎進一步要去證悟萬法的實相、萬法的空性、內心的實相，因此是一種止觀雙運的實修。這是內道的方式。

如果不是這種止觀雙運的禪修，是有偏頗的方式。譬如僅有修安止，沒有修勝觀，那這種安止不是純正的安止，只是一個皮毛假相而已，就不需要去修它了。若是純正的安止的實修，應當要能夠證悟萬法的實相空性，證悟內心的實相，一定要和這個證悟有關係，才是純正的安止！

因此透過這種觀修，逐漸要能證悟一切所顯呈現出來時，應當像幻相的景象、像夢境之中的景象、像空之中所顯現的景象，要得到這種證悟。

如果有了這種證悟，之後一切所顯出現時，對這些所顯不會有執著，也不會有耽著；因為對一切對境的所顯，沒有執著、沒有耽著，所以依於這些所顯對境就不會累積惡業，也不會造業；因為沒

有累積惡業、沒有造業，所以投生在輪迴的因就不存在；沒有投生在輪迴的因，也就不會投生在輪迴中。

ཟུང་འཇུག་དབྱེར་མེད་དགོངས་ཀློང་ཡངས་པ་ནི། །གནད་ལས་བྱུང་བའི་འོད་གསལ་འོང་ནས་འཆར། །
雙運無別尊意寬廣者　　關要所出光明由內現

བླ་མའི་བྱིན་རླབས་རང་བྱུང་ཡེ་ཤེས་ནི། །ཚིག་དང་བསམ་བརྗོད་འདས་ཚེ་མཐོང་བ་སྟེ། །
上師加持天然本智者　　越離詞句思詮時見也

དེ་ལྟ་བུ་ཉིད་དུས་སུ་མཐོང་བ་ནི། །དུས་གསུམ་དུས་མེད་ཕྱི་ནང་དབྱེ་བསལ་མེད། །
如前所述適時見之者　　三時無時無外內區分

　　透過安止、勝觀，還有雙運無別的禪修，這種證悟當然要靠上師的口訣，靠著上師的口訣，內心的實相光明就會在自己的內心之中浮現。但是透過這個觀修，使內心實相呈現出來時，重要的口訣是什麼呢？對於上師要產生信心，而且要視上師即是佛，這種信心和恭敬一定要在內心產生。如果內心產生這種信心和恭敬，之後得到上師的加持，靠著上師的加持，天然本智、內心實相、基如來藏，一定可以現前而出現。當現前而出現時，基如來藏的本質，內心實相的本質，不是我們用言語能夠說明的一個對境，也不是我們用內心可以思維的一個對境，超越言語說明的範圍，超越內心思維的範圍，這樣的內心實相的證悟一定可以得到的。

　　當這種內心實相的證悟出現時，以前的時間、現在的時間、未來的時間，在三時之中內心實相的部分，一絲一毫的改變都不存在，過去、現在、未來也不會有任何的差別，一絲一毫的差別都

不存在。因爲就內心實相的本質而言，在過去是如此，現在也是如此，未來也是如此，不會有任何改變。

ཤེས་རབ་པ་རོལ་ཕྱིན་ཡིན་དབུ་མ་སྟེ། །སྤྲོས་དང་སྡུག་བསྔལ་ཞི་བྱེད་ཕྱག་རྒྱ་ཆེ། །
即是般若亦是中觀也　　能息戲論諸苦大手印

སྙིང་པོའི་ཆོས་ཉིད་རྫོགས་པ་ཆེན་པོ་སྟེ། །གདོད་མའི་ཟད་པ་གཤིས་ཀྱི་གནས་ལུགས་ཉིད། །
心要法性是大圓滿也　　本然窮盡本性之實相

འོད་གསལ་སེམས་ཉིད་རང་བྱུང་ཡེ་ཤེས་ཡིན། །མིང་མང་བཏགས་ཀྱང་དོན་གྱི་ངོ་བོ་གཅིག །
光明心性天然本智也　　雖安多名實則本質一

སེམས་ཉིད་སྨྲ་བསམ་བརྗོད་འདས་བྱང་ཆུབ་སེམས། །
法性離言思詮菩提心

　　在顯教乘門裡所談到的般若波羅蜜（慧度），指的就是內心實相；或者是顯教乘門見地裡所談到的中觀，講的也是內心實相；或者談到離一切戲論，指的也是內心實相；或者息滅一切苦，指的是聖者唐巴桑傑所教導的斷除法，斷除法是息一切苦，這一切苦都完全止息，沒有一切苦，講的也是內心實相；或者噶舉派主要所修是大手印，大手印指的也是內心實相；或者寧瑪派主要所修是大圓滿，大圓滿所指的也是內心實相。

　　因此，最初原來的時候，一點煩惱都不存在，煩惱已經徹底窮盡，這樣一個本性實相，就是內心實相的光明。這個內心實相不靠因緣集合，本來存在，所以稱之爲「天然本智」。

　　這個部分佛陀薄伽梵在顯教乘門之中、在密咒乘門之中、在大

圓滿教法之中，都用很多不同的名稱去講，其實所指的只有一個，就是內心實相，這點毫無差別。如此的內心實相，不是我們用嘴巴、用言詞可以說明，也不是我們的內心可以思維，因為它是超越詞句說明的對境，它是超越內心思維的對境，是如此的一種菩提心！

འཁོར་འདས་གཉིས་མེད་ནམ་མཁའ་ལྟ་བུ་ཡིན། ཕྱོགས་རིས་མ་འཛིན་གྲུབ་མཐའ་གཟེབ་ལས་འདས། །
輪涅無二如同天空般　　不執偏私越離宗義籠

ཕྱོགས་བྲལ་གཉིས་མེད་མཉམ་རྫོགས་ཆེན་པོ་སྟེ། །རྒྱལ་བའི་དགོངས་པ་མཐའ་བྲལ་ཀློང་ཡངས་སུ། །
離方無二大平等圓滿　　勝者尊意離邊寬廣處

རྣལ་འབྱོར་རྣམས་ཀྱིས་ཡོངས་སུ་ཤེས་པར་བྱ། །
眾瑜伽士應周遍了知

這裡談到，如果證悟了內心實相之後，對於法不會存在種種差別，譬如這個是屬於不清淨的輪迴的法，那個是屬於清淨殊勝的涅槃的法。譬如天空，對天空能不能把它區分出清淨的部分、不清淨的部分？不能！或者說這個屬於輪迴的方面，那個屬於涅槃的方面，這種偏失的執著也不會存在。不僅沒有這種偏失的執著，而且會超越一切宗義，譬如執著這個是大乘的法、那個是小乘的法、這個是密咒乘的法、那個是大圓滿的教法，各種執著都會完全離開。

所以離開了一切的邊執，而且還是無二，這種離開一切邊、而且為無二的大圓滿，是一切諸佛究竟的心意。大圓滿的實相是離開了一切的邊，因此廣大沒有邊際。所以一切諸佛內心最究竟的部

分，一切諸佛究竟的心意，就是大圓滿，而不是任何其他者。這點非常重要，弟子瑜伽士們對於這個意義，無論如何一定要好好了解。

四、果位

དེ་དག་མཐར་ཕྱིན་འབྲས་བུའི་རིམ་པ་ནི། །གནས་སྐབས་བདེ་གསལ་མི་རྟོག་ཟུང་འཇུག་གིས། །

彼等究竟得果次第者　暫時樂明無妄雙運故

སྤྱན་དང་མངོན་ཤེས་ཡོན་ཏན་དཔག་མེད་ཅིང་། །མཐར་ཕྱུག་སྐུ་གསུམ་ཡིད་བཞིན་རྒྱལ་ཆོས་འགྲུབ། །

眼與神通無量之功德　究竟三身如意王法成

རང་གཞན་དོན་གཉིས་ལྷུན་གྱིས་གྲུབ་པ་ཡིན། །

自他二事自然而達成

　　這個內容是講觀修安止之後所能夠得到的果，有哪些呢？可以分成暫時方面的果和究竟方面的果兩種類型。

　　就暫時方面的果而言，如果以樂、明、無妄念的方式觀修安止，更進一步進入勝觀的本質、雙運的本質，以這個方式觀修，之後會逐漸得到清淨之眼。我們現在的眼是不清淨的眼，將來會得到清淨的本智之眼，也就是現在不清淨的眼所不能夠看到的許多事物，那個時候都能夠看到。我們現在的內心是屬於不清淨的內心，將來會得到清淨的內心，也就是指無邊的神通功德都可以得到。這都只能算是暫時方面的果。

　　究竟方面的果是什麼呢？法身、報身、化身三身的果位也能證悟而得到。總而言之，佛果的一切功德不管有多少，都可以得到，

這是屬於究竟的果位。

　　當成就佛果的時候，在己事方面可以說就達到徹底究竟，不僅如此，以自己父母親爲主的遍滿虛空的一切眾生，他們的利益也能徹底究竟達成。而且，不需要花任何力氣，不需要辛苦勞累，就能夠水到渠成自然達成眾生利益。這是果位的部分。

尾　頌

迴向

དེ་ལྟར་ཆོས་ཆུལ་ཞི་བ་སྙིང་པོའི་དོན། །ཟབ་ཅིང་རྒྱ་ཆེ་བཤད་པའི་བསོད་ནམས་དེས། །
如前法理寂靜心要義　深廣於之解釋所成福

འགྲོ་ཀུན་བྱང་ཆུབ་དངས་པ་གཉིས་ཐོབ་ནས། །ཡིད་བཞིན་འཕྲིན་ལས་འབྱོར་པ་མཐའ་ཡས་ཤོག །
祈願眾生得二正菩提　如意事業財富達無邊

　　這是龍欽巴尊者寫完這本書後，寫書的善根要迴向給無邊的眾生。這個法是屬於究竟的菁華，甚深廣大的教法，爲了把這個教法做一個註解，因此寫下這本書。寫下這本書當然累積了廣大的善根，這廣大的善根要迴向給一切眾生，能夠證得法身、色身這兩種菩提。

　　後面舉的是一個比喻，譬如如意寶珠和如意寶樹。眾生對如意寶珠、如意寶樹誠懇地祈請，所求自然達成；如意寶珠和如意寶樹的內心當然不會有任何思維，它沒有念頭，可是眾生的請求還是達成。

　　和這個比喻一樣，成就佛果之後，佛的內心不會有任何念頭或妄念存在，但是對眾生的利益卻自然達成。譬如對大乘種姓講說大乘法，對小乘種姓開示小乘法，對渴求密咒乘者講說密咒乘法，對渴求大圓滿者開示大圓滿教法，隨所調伏眾的渴求而隨順開示，成就佛果的時候這種事業自然就能夠達成。因此將這個善根迴向給廣大無邊的眾生，能夠證得法、色二身，能夠成就佛果。

འདི་ནི་རྒྱལ་སྲས་དྲི་མེད་འོད་ཟེར་གྱིས། །རང་གི་ཉམས་ལེན་གནད་དྲིལ་བཏུད་བསྡུས་ཏེ། །
此係勝子無垢光集攝　己之修持關要成精萃

ཕྱི་རབས་དོན་དུ་གསལ་བར་བཀོད་པ་ནི། །གངས་རི་ཐོད་དཀར་མགུལ་དུ་ལེགས་པར་བཀོད། །

爲後代故明晰闡釋者　妥善寫於白顱雪山頸

　　後面談到《大圓滿禪定休息論》是誰所寫、用什麼方式寫、在什麼地方寫，最後對弟子鼓勵一番。

　　「此係勝子無垢光」，這是撰寫者，《大圓滿禪定休息論》是一切諸佛之子大菩薩無垢光龍欽巴尊者所寫的。

　　「集攝己之修持關要成精萃」，這本書寫的方式是什麼呢？龍欽巴尊者平常修安止時如何進行實修，把自己實修的菁華形成一個口訣，希望讓將來的弟子們也能夠知道，所以把這個實修的口訣菁華，濃縮寫成本書。

　　「爲後代故明晰闡釋者」，寫的時候是爲了哪些對象而寫呢？爲了未來的弟子。未來有許多弟子對大圓滿教法信心非常強烈，對大圓滿教法也非常重視，這些弟子前世和大圓滿教法有許多法緣，特別針對這些弟子，龍欽巴尊者把這個關於觀修安止的甚深口訣做了一個開示、說明，以利益這些未來的弟子。

　　「妥善寫於白顱雪山頸」，白顱雪山是龍欽巴尊者平常閉關的地方，他就在白顱雪山接近山頂的地方寫下本書，這個地方是個禪修的巖洞。我們在最前面談過，觀修安止時，修安止的順緣是春夏秋冬各於不同的地方做禪修，不僅如此，觀修息增懷猛時也在不同的地方做禪修。在白顱雪山這個地方也有四個巖洞，龍欽巴尊者在四個巖洞之中禪修、閉關，並寫下這本書。

ཐར་པ་འདོད་པ་དག་གིས་བཅོན་འགྲུས་ཏེ། །ཡི་གེ་འདི་བཞིན་ཉམས་སུ་བླང་བར་མཛོད། །

欲求解脫眾行精進已　盼請依此文字行修持

གནས་སྐབས་མཐར་ཐུག་དོན་གཉིས་ཕུན་ཚོགས་ཏེ། །བདེ་ཆེན་གླིང་དུ་མྱུར་དུ་དགའ་བདེ་ཤེས། །

暫時究竟二事美滿已　速於大樂洲中得喜樂

　　這是對弟子鼓勵的口訣。如果弟子有這麼一種想法：一輩子就
要成就佛果，無論如何這輩子一定要脫離三有輪迴！有這種決心的
弟子，對本書所開示的內容，絕對要持續精進實修。不可以把這本
書束之高閣，放在書架上，一定要再三研閱、再三研閱，再三實
修、再三實修，這個一定要做。這是龍欽巴尊者對我們大家的鼓
勵，所開示的口訣就是持續不斷地實修。

　　譬如大佛尊阿底峽對弟子開示什麼口訣呢？就是「大家對我要
有信心」，這是他所開示的口訣。一樣的道理，龍欽巴尊者最後所
開示的口訣，就是「大家要持續實修《大圓滿禪定休息論》的內
容」，這樣的話，可以得到暫時、究竟方面美好的果。

　　「大樂洲」指的是淨土，就能夠很快投生在淨土之中。假設投
生在淨土，不要說痛苦，連痛苦的名字都不會存在，只有喜悅和快
樂，純粹是這樣，所以無論如何一定要持續實修。

རྫོགས་པ་ཆེན་པོ་བསམ་གཏན་ངལ་གསོ་ཞེས་བྱ་བ། །དཔལ་ཨོ་རྒྱན་གྱི་སློབ་དཔོན་ཆེན་པོ་མཚོ་སྐྱེས་རྡོ་རྗེས་
稱爲《大圓滿禪定休息論》者，具祥鄔堅大軌範師海生金剛所攝受之
རྗེས་སུ་བཟུང་བའི་རྣལ་འབྱོར་བ་དྲི་མེད་འོད་ཟེར་གྱིས་གངས་རི་ཐོད་དཀར་གྱི་མགུལ་དུ་ལེགས་པར་
瑜伽士無垢光（龍欽巴）妥善寫於白顱雪山頸。

བཀོད་པ་རྫོགས་སོ།། །།དགེའོ། །དགེའོ། །དགེའོ།། །།

圓滿。善哉。善哉。善哉。

　　最後，《大圓滿禪定休息論》是恆常都得到鄔堅大士海生金剛（蓮花生大士別號）所加持攝受的大圓滿禪修者（瑜伽士）無垢光所寫的，特別針對未來和大圓滿教法有關係、有法緣的弟子，寫了這本書的內容來教導他們。

　　《大圓滿禪定休息論》這本書，我們就講到這裡結束。正如龍欽巴尊者最後的鼓勵，無論如何，大家對教法的內容，一定要努力精進持續實修。如果這樣做，一定能夠得到法的加持，得到法的加持後，一定可以得到佛法方面所談到的暫時的果、究竟的果。

　　如果自己不能夠持續努力精進實修，就不能說佛法沒有加持的威力。如果自己不能夠持續努力精進實修，那無論是暫時的果還是究竟的果，當然也都不會得到。這點一定要了解，非常重要。

堪仁波切奉寧瑪白玉傳承噶瑪古千法王的指示，於北印度動工興建「蓮師吉祥光明殿」，圖為 2017 年
月進度。興建經費仍待十方功德主廣發菩提心，慷慨護持，共同成就廣揚佛法。詳情請上網站 www.y-
p-d.org.tw 或聯絡 threebasic@gmail.com，功德無量。

堪仁波切為「蓮師吉祥光明殿」所需佛像，於 2017 年 3 月三度前往尼泊爾。

堪仁波切朝聖不丹時，於雨中徒步約三小時抵瓊布（Chumbu）聖地，蓮師曾在此瀑布上方洞穴閉關，後來才湧出山泉，代表空行母供養給蓮師甘露泉水。

)16 年 7 月，堪仁波切率領喇嘛及港台弟子前往不丹朝聖 21 天，並安排於帕羅晉見頂果法王轉世欽哲
易希仁波切和雪謙冉江仁波切。

2016 年 9 月，堪仁波切（圖左一）率領喇嘛及台灣弟子前往錫金揚唐仁波切（圖右一）駐錫寺廟，由揚唐仁波切主法九天修甘露大法會，萬分殊勝。

2017 年 1 月藏曆新年，堪仁波切返回貝瑪貴聖地菩提昌盛寺，送給小喇嘛每人一套僧服。

2017 年 2 月，堪仁波切邀請持明貝瑪林巴傳承的主要持有者巴卡祖古仁波切（故鄉在貝瑪貴）前來菩提盛寺傳法，圖爲祖古仁波切主法〈竹千大法會〉時，堪仁波切代表獻曼達。

2017 年 2 月，「台灣健康服務協會」六位醫護人員前往貝瑪貴培訓喇嘛及村民成爲基礎保健員，並針對山區各村落村民展開義診。

善知識系列　JB0121

大圓滿禪定休息論

藏 文 原 著／大遍智　龍欽巴尊者
講　　　　記／堪布徹令多傑仁波切
口　　　　譯／張福成
特 約 編 輯／應桂華
協 力 編 輯／劉昱伶
行　　　　銷／顏宏紋

總　編　輯／張嘉芳
出　　　版／橡樹林文化
　　　　　　城邦文化事業股份有限公司
　　　　　　104 台北市民生東路二段 141 號 5 樓
　　　　　　電話：(02)2500-7696　傳眞：(02)2500-1951
發　　　行／英屬蓋曼群島商家庭傳媒股份有限公司城邦分公司
　　　　　　104 台北市中山區民生東路二段 141 號 5 樓
　　　　　　客服務服務專線：(02)25007718；25001991
　　　　　　24 小時傳眞專線：(02)25001990；25001991
　　　　　　服務時間：週一至週五上午 09:30 ～ 12:00；下午 13:30 ～ 17:00
　　　　　　劃撥帳號：19863813　戶名：書虫股份有限公司
　　　　　　讀者服務信箱：service@readingclub.com.tw
香港發行所／城邦（香港）出版集團有限公司
　　　　　　香港灣仔駱克道 193 號東超商業中心 1 樓
　　　　　　電話：(852)25086231　傳眞：(852)25789337
　　　　　　Email: hkcite@biznetvigator.com
馬新發行所／城邦（馬新）出版集團【Cité (M) Sdn.Bhd. (458372 U)】
　　　　　　41, Jalan Radin Anum, Bandar Baru Sri Petaling,
　　　　　　57000 Kuala Lumpur, Malaysia.
　　　　　　電話：(603) 90563833　傳眞：(603) 90576622
　　　　　　Email：services@cite.my

封面設計／周家瑤
內頁版型／歐陽碧智
印　　刷／韋懋實業有限公司

初版一刷／2017 年 9 月
初版五刷／2023 年 11 月
ISBN ／ 978-986-5613-57-0
定價／ 320 元

城邦讀書花園
www.cite.com.tw

版權所有・翻印必究（Printed in Taiwan）
缺頁或破損請寄回更換

國家圖書館出版品預行編目（CIP）資料

大圓滿禪定休息論 / 大遍智龍欽巴尊者；堪布
徹令多傑仁波切講記；張福成譯 . -- 一版 . --
臺北市：橡樹林文化，城邦文化出版：家庭傳
媒城邦分公司發行，2017.09
面；公分 . -- (善知識系列；JB0121)
ISBN 978-986-5613-57-0 (平裝)

1. 藏傳佛教 2. 注釋 3. 佛教修持

226.96612　　　　　　　　　　　106015664

橡樹林文化 ❖❖ 善知識系列 ❖❖ 書目

JB0001	狂喜之後	傑克・康菲爾德◎著	380 元
JB0002	抉擇未來	達賴喇嘛◎著	250 元
JB0003	佛性的遊戲	舒亞・達斯喇嘛◎著	300 元
JB0004	東方大日	邱陽・創巴仁波切◎著	300 元
JB0005	幸福的修煉	達賴喇嘛◎著	230 元
JB0006	與生命相約	一行禪師◎著	240 元
JB0007	森林中的法語	阿姜查◎著	320 元
JB0008	重讀釋迦牟尼	陳兵◎著	320 元
JB0009	你可以不生氣	一行禪師◎著	230 元
JB0010	禪修地圖	達賴喇嘛◎著	280 元
JB0011	你可以不怕死	一行禪師◎著	250 元
JB0012	平靜的第一堂課——觀呼吸	德寶法師 ◎著	260 元
JB0013X	正念的奇蹟	一行禪師◎著	220 元
JB0014X	觀照的奇蹟	一行禪師◎著	220 元
JB0015	阿姜查的禪修世界——戒	阿姜查◎著	220 元
JB0016	阿姜查的禪修世界——定	阿姜查◎著	250 元
JB0017	阿姜查的禪修世界——慧	阿姜查◎著	230 元
JB0018X	遠離四種執著	究給・企千仁波切◎著	280 元
JB0019X	禪者的初心	鈴木俊隆◎著	220 元
JB0020X	心的導引	薩姜・米龐仁波切◎著	240 元
JB0021X	佛陀的聖弟子傳 1	向智長老◎著	240 元
JB0022	佛陀的聖弟子傳 2	向智長老◎著	200 元
JB0023	佛陀的聖弟子傳 3	向智長老◎著	200 元
JB0024	佛陀的聖弟子傳 4	向智長老◎著	260 元
JB0025	正念的四個練習	喜戒禪師◎著	260 元
JB0026	遇見藥師佛	堪千創古仁波切◎著	270 元
JB0027	見佛殺佛	一行禪師◎著	220 元
JB0028	無常	阿姜查◎著	220 元
JB0029	覺悟勇士	邱陽・創巴仁波切◎著	230 元
JB0030	正念之道	向智長老◎著	280 元

JB0098	修行不入迷宮	札丘傑仁波切◎著	320 元
JB0099	看自己的心，比看電影精彩	圖敦・耶喜喇嘛◎著	280 元
JB0100	自性光明——法界寶庫論	大遍智 龍欽巴尊者◎著	480 元
JB0101	穿透《心經》：原來，你以為的只是假象	柳道成法師◎著	380 元
JB0102	直顯心之奧秘：大圓滿無二性的殊勝口訣	祖古貝瑪・里沙仁波切◎著	500 元
JB0103	一行禪師講《金剛經》	一行禪師◎著	320 元
JB0104	金錢與權力能帶給你甚麼？一行禪師談生命真正的快樂	一行禪師◎著	300 元
JB0105	一行禪師談正念工作的奇蹟	一行禪師◎著	280 元
JB0106	大圓滿如幻休息論	大遍智 龍欽巴尊者◎著	320 元
JB0107	覺悟者的臨終贈言：《定日百法》	帕當巴桑傑大師◎著 堪布慈囊仁波切◎講述	300 元
JB0108	放過自己：揭開我執的騙局，找回心的自在	圖敦・耶喜喇嘛◎著	280 元
JB0109	快樂來自心	喇嘛梭巴仁波切◎著	280 元
JB0110	正覺之道・佛子行廣釋	根讓仁波切◎著	550 元
JB0111	中觀勝義諦	果煜法師◎著	500 元
JB0112	觀修藥師佛——祈請藥師佛，能解決你的困頓不安，感受身心療癒的奇蹟	堪千創古仁波切◎著	450 元
JB0113	與阿姜查共處的歲月	保羅・布里特◎著	300 元
JB0114	正念的四個練習	喜戒禪師◎著	300 元
JB0115	揭開身心的奧秘：阿毗達摩怎麼說？	善戒禪師◎著	420 元
JB0116	一行禪師講《阿彌陀經》	一行禪師◎著	260 元
JB0117	一生吉祥的三十八個祕訣	四明智廣◎著	350 元
JB0118	狂智	邱陽創巴仁波切◎著	380 元
JB0119	療癒身心的十種想——兼行「止禪」與「觀禪」的實用指引，醫治無明、洞見無常的妙方	德寶法師◎著	320 元
JB0120	覺醒的明光	堪祖蘇南給稱仁波切◎著	350 元
JB0122	正念的奇蹟（電影封面紀念版）	一行禪師◎著	250 元

104 台北市中山區民生東路二段 141 號 5 樓

城邦文化事業股份有限公司

橡樹林出版事業部　收

請沿虛線剪下對折裝訂寄回，謝謝！

橡｜樹｜林

書名：大圓滿禪定休息論　書號：JB0121

橡樹林文化

讀者回函卡

感謝您對橡樹林出版社之支持，請將您的建議提供給我們參考與改進；請別忘了給我們一些鼓勵，我們會更加努力，出版好書與您結緣。

姓名：_____ □女 □男　生日：西元_____年

Email：_____

● 您從何處知道此書？

　□書店　□書訊　□書評　□報紙　□廣播　□網路　□廣告DM　□親友介紹

　□橡樹林電子報　□其他_____

● 您以何種方式購買本書？

　□誠品書店　□誠品網路書店　□金石堂書店　□金石堂網路書店

　□博客來網路書店　□其他_____

● 您希望我們未來出版哪一種主題的書？（可複選）

　□佛法生活應用　□教理　□實修法門介紹　□大師開示　□大師傳記

　□佛教圖解百科　□其他_____

● 您對本書的建議：

_____

_____

_____

_____

_____

處理佛書的方式

　　佛書內含佛陀的法教，能令我們免於投生惡道，並且為我們指出解脫之道。因此，我們應當對佛書恭敬，不將它放置於地上、座位或是走道上，也不應跨過。搬運佛書時，要妥善地包好、保護好。放置佛書時，應放在乾淨的高處，與其他一般的物品區分開來。

　　若是需要處理掉不用的佛書，就必須小心謹慎地將它們燒掉，而不是丟棄在垃圾堆當中。焚燒佛書前，最好先唸一段祈願文或是咒語，例如唵（OM）、啊（AH）、吽（HUNG），然後觀想被焚燒的佛書中的文字融入「啊」字，接著「啊」字融入你自身，之後才開始焚燒。

　　這些處理方式也同樣適用於佛教藝術品，以及其他宗教教法的文字記錄與藝術品。

ཨོཾ་ནེ་ཏུ་དྲུག་པ་འདི་དཔེ་ཆའི་ནང་དུ་བཞག་ན་དཔེ་ཆ་དེ་ཉིད་འདར་
བགྲོམས་ཀྱང་ཉེས་པ་མི་འབྱུང་བར་འཇམ་དཔལ་རྩ་རྒྱུད་ལས་གསུངས་སོ།། །།

此咒置經書中　可滅誤跨之罪